ルービンシュタイン
ゲーム理論の力

アリエル・ルービンシュタイン［著］
松井彰彦［監訳］

Economic Fables
Ariel Rubinstein

東洋経済新報社

Original Title:
Ecomonic Fables
by Ariel Rubinstein

Japanese translation published by arrangement with
Ariel Rubinstein through
The English Agency (Japan) Ltd.

訳者はしがき

ぼく（松井）がアリエル・ルービンシュタイン先生――以下、敬愛の情を込めてアリエルと呼ぼう――と初めて会ったのは、ノースウェスタン大学で開講された特別講義でのことだった。

すでに学界の頂点に立っていたアリエルはそのときも自分の最新の研究を披露した。「類似」という概念に関する研究だった。人はちょっとした違いは気にしない。コーヒー豆を買うとき１００ｇだろうが１０１ｇだろうが気にしない。両者は無差別だ。同様に１０１ｇと１０２ｇも無差別だ。ならば、１００ｇと１０２ｇも無差別と言ってもよさそうだ。しかし、同じ論理を続けていくと、１００ｇと２００ｇも無差別ということになってしまう。それはさすがに違うだろう。「類似」を数学的に厳密に考える（公理化する）とどうなるか。それがアリエルの解こうとした問題だった。楽しそうにかつ力強く自分の研究の話をするアリエルを見て、当時大学院生だったぼくは彼のような研究者になりたいと思った。

アリエルについて

アリエルはその頃から、経済学やゲーム理論を予測可能性や実用性ではなく、その洞察の深さで評価していた。本書の原題*Economic Fables*にあるように、彼は経済モデルを「科学」ではなく、「寓話」ないし「物語」として捉える。寓話はポイントを絞り、「人生の理《ことわり》」をわれわれに伝える。経済モデルもそれと同様、「社会の理《ことわり》」を伝えるというわけだ。それぞれの「理《ことわり》」から何を学ぶか、それをどう楽しむかは読み手次第である。

アリエルが語る「社会の理」は多岐にわたり、その業績は多くの研究者に影響を与えてきた。最も有名なものは、交渉ゲームの理論である。交渉ゲームの基本文献として常に挙げられる論文が2本ある。1本目はナッシュの交渉解に関する論文である。2本目が、そのナッシュ交渉解を交互提案ゲームの均衡として導き出したアリエルの論文だ。これらの論文の結果は、ゲーム理論だけでなく、労働や貨幣の経済学でも用いられている。

その交渉モデルを市場の分析に組み込んだアリエルとアッシャー・ウォリンスキー氏の論文や、共有知識の欠如が非効率な結果をもたらすという電子メール・ゲームに関する論文、繰返しゲームの定式化とそこでのフォーク定理を示した論文などが名高く、分野の形成・発展に貢献している。

一連の業績が評価されたアリエルは2004年にエコノメトリック・ソサエティ（計量経済学会）の会長を務めた。エコノメトリック・ソサエティは経済学における代表的な国際学会である。その会長職は特別な業績を挙げた経済学者のみに与えられる栄誉であり、学会員の投票によって選出される。日本人ではこれまで森嶋通夫、宇沢弘文、根岸隆の三先生が務めている。また、会長経験者はノーベル経済学賞を受賞することも多く、アリエルも常に有力な候補のひとりである。現在アリエルはイスラエルのテルアビブ大学と米国のニューヨーク大学の教授職を兼務しているが、兼職を嫌う米国の一流大学もアリエルのことは特別扱いをしているようだ。

実用性偏重への懐疑

本の話に戻ろう。本書は巷に溢れるハウツー本の類ではない。経済学を使って将来を予測したり、何か有益なことをしたい、そのために本書を読もう、と考える読者がいるとしたら、ぼくは他の本を読みなさい、と勧めるだろう。一方、経済や人間関係を考えるうえで、何が本質なのかということを考えたければ、本書はお勧めだ。

一流の考えは一流の人間からしか学べない。それは、その人の考えに触れてみて初めてわかることだ。一流の上に「超」がつくアリエルが自分の人生に引き付けながら、「社会の理」を吐露する。それに触れながら、物語としてのゲーム理論の力を感じてほしい。

詳細は本文に譲るとして、ここでは、アリエルの学問的態度が端的に表れている箇所を抜粋しておこう。これは、彼が一般向けの講演の冒頭で話す内容である。

学者ならば、自分の発言内容のどの部分が自らの専門的知識を反映したものであるかを明らかにしなければなりません。……そして、だからこそ、曇るところなく、臆することもなく、それどころかいくばくかの誇りと共に、ここでの私の言葉がなんら私自身の学問的知識に関係のないことをはっきりお知らせしておきます。……私の理解が正しければ、経済理論は今議論している問題の核心について何も教えてはくれません。選択肢が何であるのかを私が把握しているかどうかすら定かではありません。たとえば、明日のインフレ率や、明後日の製造業生産指数を私は予測しようとしているわけではありません。……では、私がなぜここに来たのかをみなさんは問うでしょう。私は、一経済理論家として、巷の経済問題に関する議論で経済理論が濫用されていることをお伝えしに参りました。控えめに言っても、私はこの濫用を好ましく思っていません。

学問をその直接的な有用性で測ろうという風潮が最近の日本で広まっている。アリエルは海外でも報じられた日本政府による「文系不要論」に愕然としたらしく、昨秋、突然ぼくにメールを送ってきた。「これは本当か？」

本文を読んでいただければ、アリエルがいかに実用性偏重の学問に懐疑的かがわかっていただけるかと思う。彼の日本語版への序文においてもそのことがはっきりと述べられている。

本書の主たる目的は、経済理論を数理的な言語で記述された物語や寓話の集まりと見なすという私の考え方を読者のみなさんにお伝えすることです。私にとって、これらの寓話の実生活に対する関係は文学の実生活に対する関係と似ています。

彼は経済モデルを文学になぞらえる。すぐれた文学はぼくたちの感性を豊かにし、人生に関する洞察を与えてくれる。それと同様、すぐれた経済モデルはぼくたちの感性を豊かにし、社会に関する洞察を与えてくれる。それこそが理論の力である。

その観点から、本書は経済学や他分野の研究者だけでなく、「文系不要論」や学問の実学志向を唱える声高な主張の前に立ちすくむ人や、学問とは何かという問題を真剣に考える人にも読んでもらいたい。

極東でのサマースクール

さて、ぼくが大学院生のときに聴講したノースウェスタン大学での特別講義では、ついつい話に引き込まれて、あれこれと質問をし、果ては限定合理性の説明をしているときに、「その直観はおかしい」と議論までふっかけてしまった。それにもかかわらず、ぼくがペンシルバニア大学に就職した後、セミナー前にわざわざぼくのオフィスを訪ね、声をかけてくれて感激したことを覚えている。

その後もいろいろな場面でお世話になったが、近年はとくに「極東」がお世話になっている。少し説明をしよう。アリエルとぼくの共同研究者であるイリノイ大学教授のインクー・チョウ氏が中心となって、2013年よりエコノメトリック・ソサエティのサマースクールを極東で開講している。最初の2年間はインクーが毎年春に教えているソウルの漢陽大学で、2015年は東京大学で開講した。5、6名からなる世界トップクラスの講師陣を整えるのがアリエルの最大の仕事であり、彼にしかできない仕事だ。

初年度のこと、アリエルは金融論の大家でコロンビア大学教授のマイク・ウッドフォード氏に参加を打診した。実はその前、マイクは1回の講演に対してビジネスクラスの航空券と高級ホテルでの滞在に加え、数十万円の謝礼を出すという韓国中央銀行の招待を受けるのを渋っていたという。

それに対し、アリエルのオファーはこんな感じだ。

「あー、マイク、韓国でサマースクールを開講するのでよければ来てくれないか。世界中から集めた学生相手に2回講義をしてくれればいいよ。学生の発表も聴いてやってくれ。謝礼は出せないが、エコノミークラスの航空券と現地の滞在費はカバーする」。

「OK」とマイク。

金融論を専門とする経済学の大家も、お金とは別の動機で動くのだ。ちなみに日本からは東京大学教授の神取道宏氏が講師として参加した。

ここで、経済学者は経済モデルの人間たちのようには行動しない、と早合点してはならない。経済モデルが仮定する人間は守銭奴のように金銭的な利得を最大化するという批判は、経済学の理論的基礎をすっ飛ばして結論だけ知りたがる人間が陥る過ちである。経済モデルは個人の「合理性」を仮定する。しかし、経済学の基礎理論が想定する合理性は自分の信条や自己愛、そして利他心や公共心に正直に整合的に行動する、というものである。その観点からすれば、自分の学問的良心に則り、世界中の学生のためにひと肌脱ぐアリエルやマイクの態度は極めて合理的なものといえよう。

2014年の第2回サマースクールで、アリエルはぼくに講師を務めないかと声をかけてくれた。エコノメトリック・ソサエティの機関誌で世界最高峰の学術誌エコノメトリカの編集長であるカリフォルニア大学サンディエゴ校教授のジョエル・ソーベル氏や、アリエルの長年の盟友であるノースウェスタン大学教授のアッシャー・ウォリンスキー氏ら高名な研究者に混ざって、貨幣経済に関する自分の研究を紹介した。

2015年の東京大学での開催時は、ぼくが運営幹事として事務方を務めた。日本人では、ノーベル賞の可能性がささやかれるプリンストン大学教授の清滝信宏氏が講師に加わった。30名の定員に世界中から200名超の応募があった。やむなく、定員を40名に増やして対応した。サマースクール直前の週末にはアリエルの提案でインクーと3人で箱根にある彫刻の森美術館に出かけた。8月の東京は蒸し風呂のような暑さだったが、箱根は涼風が心地よかった。10年以上前に来日したとき、同美術館を訪問し、そこのピカソ館にある作品に魅せられ、アリエル自身の教科書の表紙を考える際に参考にしたという。東京に戻ってくると、そろって学生と講師が集まるパーティーへ出かけた。20年ぶりに会う講師もいて、ぼく自身大いに旧交を温めた。

2016年は京都大学教授の梶井厚志氏が現地の幹事および講師陣のひとりを務めており、本書が世に出るころには、大きな盛り上がりを見せていることであろう。

翻訳の過程を少しお話しししよう。アリエルが1990年代の後半にテルアビブ大学にぼくを招待してくれた折、レセプションの合間に会場の庭で散歩をしながら、彼の（本書とは別の）本の翻訳について雑談をした。そのときはそのままになってしまったが、今回、彼の人生をその哲学とともに描き出した本が目に留まり、以前の会話を思い出して、ぜひ翻訳したいと思った。旧知の編集者である佐藤朋保さんに打診したところ、即座に翻訳権を押さえてくれた。もちろん、アリエルも快諾してくれたが、「お前が責任を持って翻訳作業に当たるんだろうな」と念押しもされた。

とはいえ、怠惰な私だけでは心もとないので、大学院生の猿谷洋樹、村上愛、矢ヶ崎将之の3名に打診したところ、こちらも快諾を得て、翻訳作業が始まった。翻訳は、序章と第1章が村上、第2章が矢ヶ崎、第3章が松井、第4章と第5章が猿谷の担当で進め、その後、修正・校正を通して文体等をそろえた。細かい校正作業に当たっては編集者の佐藤さんにもご協力いただいた。また、全員2014年のサマースクールに参加したので、アリエルに時間を取ってもらって翻訳の際に不明だった点、とくに電子メールのやりとりではわからない発音の仕方を中心に尋ねた。

最後になるが、翻訳の責任はすべて4名の翻訳者にある。ただし、お叱りの言葉はぼくが受けよう。アリエルの肉声を何度も聞きながら、それを十分に伝えられなかったとしたら、それはぼくの責任なのだから。

2016年初夏

翻訳者を代表して　松井彰彦

日本語版への序文

先週、本書の日本語版のゲラ刷りを見せてもらいました。その中の1ページに私の父の簿記の学位記の写真がありました。学位記はポーランドのビャウィストクで1929年に発行されたもので、1939年にエルサレムに父が持ってきた後、何十年も机の引き出しにしまわれていました。今、この学位記が、父のいた世界とは遠く離れた日本の地で日本語のテキストと並んで印刷にまわされようとしています。これは、ものすごいことだと思います！

本書は経済理論に関するものです。本書の主たる目的は、経済理論を数理的な言語で記述された物語や寓話の集まりと見なすという私の考え方を読者のみなさんにお伝えすることです。私にとって、これらの寓話の実生活に対する関係は文学の実生活に対する関係と似ています。寓話も数理モデルも実生活から着想を得た、実生活についてのものです。しかし、どちらも実生活に関する明確な帰結をもたらすものではありませんし、実生活の予測に使えるものではありません。

このアプローチをとることで、私は経済理論の役割を貶めようとしているのではありません。むしろ経済理論に人間的な温かみを与えようとしているのです。私にとって、経済理論は魅力的なものです。たとえ正確な予測ができなくとも、数理モデルによって人間関係を読み解く概念を理解しようと試みれば、心躍る不思議な世界が目の前に開けてくるのです。

経済理論の意義に関する経済学者の見解は、その人の性格と密接不可分のものだと思います。したがって、本書も個人的なものであり、経済理論に関して私が表明した見解は私個人の人格と不可分です。とくに、本書は私自身の内にある葛藤――感情の世界と理性の世界との葛藤を表明したものとなっています。

読者は、私がイスラエルの愛国者だということに気付くと思いますが、それと同時に多くの問題に関してイスラエルの政策に反対しているということにも気付くでしょう。関心があれば、私のウェブサイト（http://arielrubinstein.tau.ac.il/english-articles.html）に一般向けのコラム記事（英語）がありますので、ご覧になってください。

最後に、松井彰彦氏（アキ）と翻訳チームのメンバー、猿谷洋樹、村上愛、矢ヶ崎将之の各氏に深い感謝の念を表したいと思います。アキは本書の翻訳を開始し、その原動力となってくれました。彼の献身と根気に敬意を表します。Toda Aki.（ありがとう、アキ）

2015年夏　テルアビブにて

アリエル・ルービンシュタイン

目次

第2章 ゲーム理論：ビューティフル・マインド

第3章 ジャングルの物語と市場の物語

第4章 経済学と語用論、そして7つの落とし穴

第5章　（ある種の）経済政策

序章

Introduction

経済学という物語

評議会

その夕刻、私は大学の講堂で後ろのほうの席に座っていました。干からびかけた川床の北側にある大学で、今年度最初の評議会が始まろうとしています。檀上のテーブルには床までとどく緑色のクロスがかけられ、テーブル席には大学のお偉方の面々がいます。

マイクは古びた拡声器につながれ、国旗と大学旗がスタンドに並べて吊られていました。

評議会は弦楽四重奏で始まりました。名門大学の文化を崇拝している評議員の好みを反映して、若い演奏家たちは、あらかじめクラシックを演奏するように指示されていました。次に、学長が参加者を歓迎し、一年の実りある研究、卓越に向けた不断の努力、そして平和を祈念しました。学長は大学のいくつもの新しいプログラムにふれ、「すべてのプログラムがわれわれの卓越の追求を意味するのです」と述べました。続けて、評議員が夏の間に授与された昇進、賞、栄誉などを読み上げました。自分の名前が呼ばれた教員は立ち上がって軽く礼をし、一部の熱心な評議員から割れるような拍手を受けました。

それから、委員の任命について議論がなされました。大学の卓越を追求する方法を検証するために委員会が設立されるのです。候補者がひとりずつ紹介され、彼らの類まれな業績が読み上げられていきました。司会者のひとりが手書きのメモからそれて、候補者の勲功来歴にウィットに富んだコメントを付け加えると、わけ知り顔の含み笑いがふっと聴衆に広がりました。女性の候補者に対してとなると、遠慮もなくなりました。真っ先に会議を去ろうとする者は、すでにこっそり抜け出しはじめていました。そうはいっても、出口にたどり着くためには檀の前を横切らなければならなかったので、悦に入った学長に向かって申し訳なさそうな会釈をせざるをえませんでした。

それまで、評議会で私が発言したことは一度もありませんでした。とはいえ、議事進行中に述べたいことはたくさんありました。時には、やるせなく、また憤まんやるかたない発言に応える形で、思慮深く、勇猛果敢で、挑発的な内容の反論を走り書きせずにはいられない気持ちになりました。私はこういったもろもろのことを財布から見つけたATMのレシートの裏に自分でもわからないような文字で走り書きしたものでした。しかし、会議が終わると、そのメモは決まって講堂の外にあるゴミ箱に投げ捨てられるのでした。なんらかの理由でポケットの中にそのメモが残ってしまい、翌日に見つけるようなことがあれば、よくぞそんなばかげたことを公表せずに踏みとどまったものだと、自分の賢明さに安堵するばかりでした。ほんの一日前には、あんなにも発言したいと思っていたというのに。

次の議題は、年度初めの催しのお祭り的な雰囲気を台無しにするようなものではありませんでした。大学本部は、元来主要な学問分野にのみ許されていた地位へ会計学のプログラムを格上げし、会計学のみを学び終えた場合でも優れた学生には学士号の授与を認めることを提案しました。会計学部長は新しいプログラムがいかに大学の卓越性に寄与するかを述べたてました。容易にまるまる1ページを覆いつくすほど、過去、現在、そしてとくに未来の栄えある講師陣と栄えある学生を飾り立てて表現しました。

学長は話し手の熱狂したコメントに感謝をして、いつものように正式な採決に移ろうとしました。まさにそのとき、私は手を挙げて講堂の後ろから発言許可を求めたのでした。

父の誇り

私は演台へと近づきました。手には演説のために準備した紙切れがありました。会計学のプログラムに関連した書類が3枚、そしてもう1枚小さいものが折りたたまれた紙の間にはさんでありました。それは、学位記のコピーで、ポーランドのヴァウィストクにある「シオンの娘たち」という名の学校で、夜間授業のひとつとして開講された簿記講習のものでした。その学位記は、父の禁じられた引き出しから見つけていました。

引き出しは、アイロン用の糊つき布の棚の下、パッチワークのテーブルクロスがかけられた棚の上にありました。同じ引き出しには、移民証明書と、民間防衛団の階級章、そして未使用

Kursy wieczorne przy „Bnejs Cijon"
w BIAŁYMSTOKU
Kurs Buchalteryjno-Handlowy.
Świadectwo.
Niniejszym zaświadcza się, że Pan
Rubinsztejn Judel
ukończył kurs buchalteryjno-handlowy z wynikiem
dobrym
Prezes Zarządu
Przewodniczący Komisji Egzaminacyjnej
Członkowie Kom. Egzaminacyjnej
Kierowniczka Kursów
שעורי ערב של „בנות ציון" בביאליסטוק
קורס לבוכהלטריה.
תעודה.

のままの1948年の水の配給用クーポンの冊子がありました。

　父が唯一の専門学位として簿記の資格を取得したのは21歳のときでした。その4年前にパレスティナに移住しましたが、その後、両親の住むポーランドに戻りました。父はその事情を決して語ろうとしませんでした。学位記の写真の中でスーツにネクタイをした父はカメラをまっすぐに見つめています。顔立ちのよい青年ははにかみながらも誇らしげです。学位記の左半分はポーランド語で、右半分はヘブライ語で書かれていました。

　父の声は強くて自信に満ちており、男らしいものの、聞く者を落ち着かせるような声音でした。稀に声を荒らげるようなときには、周囲にいる人々を震え上がらせたものでした。家では何事も父の望むままでした。父はかなりもてたことがあるようです。私のおばのひとりは父に熱をあげていました。さらに私が育てられているころも依然として、わが家にはH・D博士と名乗るおっかけの女性から封された茶封筒がいくつも届いていました。失恋のため博士は心が千々に乱れていたようでした。

選挙期間中、父は1977年までイスラエルの与党であったマパイ党の代表として選挙委員会の議長をしていました。イスラエルの戦没兵の記念日には、国軍の前身となった武装抵抗組織ハガナの退役軍人の功績表彰式で警備に数分加わりました。つまりベンツビ大統領が謁見する間のサイレンが10時を告げるまででした。私は父のことを誇らしく思いましたが、式典の炎の傍で丸一時間にわたって直立不動の姿勢を取り続ける役目は他の子の父親たちが担っていたので、少し残念でもありました。

イスラエルが建国されると、簿記を意味するポーランド語のブッハウテリアはヘブライ語に翻訳されてハナハラット　ハッシュブノットとなり、父は政府の職員となりました。最終的には、昇進によってもう少しで上級職員にもなりそうでした。かつて、死海にできた飛行場の開会式典では運輸大臣と共に写真に写っていました。また、とある日刊新聞の報道記事に父の名前が引用されたこともありました。その記事は、切り抜かれて父の禁じられた引き出しの底に隠されていました。父の部署で働いていた人が父を襲い、逮捕された末に保釈金を払って釈放されたことを報じるものでした。その他の詳細は何もありませんでした。

父の専門家としての誇りに気がついたのは、私が本箱に立てかけられていた簿記の教科書に興味を示したときでした。その教科書は、ユダヤ法の経典である6巻のミシュナとヘブライ語の辞書、そしてビャウィストクのユダヤ人共同体に関する記念冊子の横にありました。同じ棚には、父が大学で経済学を学ぶことをあきらめて以来保管されている経済史の講義ノートがありましたが、私が大学に入ったときにも同じ講義ノートを講師は読み続けていました。私が徴兵を終えて大学に応募しようというとき、父は何度も「生きていくには専門性が必要だぞ」と言いました。そして、会計学ないし、せめて経済学を学ぶよう説得を試みたのです。

父との簿記

子どものころ、よく父は私を連れてバスを二本乗り継ぎ、グル・アリエ氏を訪れたものでした。彼は「勤労者居住区B」の委員会の終身書記でした。その小さな地区には狭い小道と花々、そして一本だけぬきんでたヤシの木があり、貴族的なリハッビア地区とテラビア地区の間に位置していました。近所の住人は、いまだに本が引用される程有名な法律家、さらに陸軍参謀長の父親、会計士、そして午後4時から7時の間だけレッスンを行うピアノ教師でした。

グル・アリエ氏は、わが家では「ヌードニック（嫌味屋）」と呼ばれていました。なぜなら、彼は頻繁に電話をかけてきて、まるでわれわれが理解することを予期していないかのようにゆっくり、はっきりと「お父さんは家にいますかね」とよく尋ねたからです。彼はわれわれを入れるため5時きっかりにドアを開けたものでした。必ず、まずほろ苦いチョコレートを引き出しの黄色い箱から取り出してひとかけら私にくれました。それから私を肘掛け椅子に座らせました。父が彼と見つからない領収書についてどうしたものかと議論している間、私は壁にかかったダビデの塔の絵をひたすら見つめていました。帰り道には、バスを乗り換えるときにキングジョージ通りに寄って、父は私に真ん中にまるまるひとつのピーナッツがつまったピーナッツケーキをひと切れ買ってくれたのでした。

一年に一度、私たちはグル・アリエ氏の元に「例の書類」を取りにいきました。そして、父はいく晩も机に向かって委員会のために簿記を続けました。父の持っている幅の広い台帳には、色のついた線が引かれ、たくさんの列があり、30軒の住居と借家人に対応した行が30ありました。そこから、数字は2つの列にばらばらと移っていきました。その二列は、「例の書類」を返すためにグル・アリエ氏をまたはるばると訪れるまでに釣り合う必要がありました。そうすれば私たちは小切手を受け取ることができました。父は小切手に裏書きし、次の日には食料品店に手渡して手帳に入った請求書の一部を支払うのでした。

新しい規制が施行されて政府高官は大学を卒業していることが要件となったために、父は早期退職というかたちで追い出され、夜間学校の簿記の教師となりました。授業は午後6時半から10時まであり、休憩時間にはユダヤの伝統料理であるチーズをパイで包んだブレカスとトルココーヒーがふるまわれました。父は『簿記入門演習　パート1』の著者として知られるようになりました。その薄い本は、リバースキーを押す度にインクリボンがつっかえるタイプライターで打たれたものでした。子どものころ、私はそのタイプライターを使って新聞を作っていました。その新聞は、私が創刊し、書き、編集し、読みました。一度も発行はされませんでしたが。

その簿記の入門書は、父が自分の父からとったペンネームを冠していました。ベン・イスラエル・ミアーというのは私の祖父の呼び名でした。祖父は、死に際しても「シュマラ イスラエル」と、ユダヤ教の臨終の信仰告白の言葉を呟いて逝きました。安息日の美徳と共産主義に陥った同胞のユダヤ人の罪について激しい批判記事を載せた薄い冊子と、トーラの研究部屋から見える景色のスケッチを遺しました。祖父の冊子の複製はエルサレムの国立図書館とニューヨークの図書館にありますが、世界の終焉の日まで、あるいはページが古びてばらばらになるまで手つかずのまま残されるでしょう。

父の入門書の演習問題はひとつの理論世界を創り上げていました。架空の「家具会社」ではルベン、シモン、レヴィの3人が働いていました。その世界には動産や現金があり、何人もの債務者や債権者、そして多くの怪しい負債がありました。記録しなければならない取引は、X氏への6脚の椅子の掛け売り、家具職人Y氏への給料の支払いでした。演習問題の最後に、学生は「家具会社」のタイプライターについて一年分の減価償却を行います。もし学生が間違いをおかさなければ、事業はわずかな損失を計上することに気づくことでしょう。今日に至るまで、「家具会社」の損失がどのように埋め合わされたのか私は知りません。入門書の最後にはさらに模擬試験がありました。たとえば、「のれんとは何か」「ビジネスにおける簿記の役目とは何か」「会計士の義務を説明せよ」といった問題がありました。

出版社はバットヤムにあるモスコウィッツ出版社でした。モスコウィッツには謄写版の機械があり、イスラエルの工業都市ホロン出身の製本業者と取引をしていました。父は営業の策を講じていました。頻繁にモスコウィッツに電話をしては、都市ハデラで開かれる労働者委員会の夜間講習のために郵便屋のエッグドパーセルを通じて彼の本を30部自分宛に送るように求めていました。教科書の冊子はシリーズになっていました。『簿記入門演習　パート2』『簿記入門演習　パート3』と名づけられていました。大学の書籍部で、居並ぶ会計学専攻の学生向けの本の中に父の教科書シリーズの冊子を見つけたときには誇りで胸がいっぱいになりました。父の他界後、彼の教科書もまた労働者委員会の夜間講習から姿を消しました。

女性への情熱や昇進への野心どころか、恐れについてすら、父は一度として私に語りませんでした。「愛している」とか「欲しい」「不安に思う」という言葉を父が発した記憶はまったくありません。しかしある夜のこと、未だかつて見たことのない父の姿を私は見ました。

部屋は家財道具で散らかっていました。ベッドがひとつに本棚がひとつ、壊れてしまったラジオに埃っぽくなっている空のフルーツボール、そして床の上に無造作に積まれたたくさんの新聞のそばには擦り切れたスリッパがありました。仕事机も兼ねている台所のテーブルの上には昼食の食べ残しの入ったお皿がありました。母はいつものようにぐったりとベッドに寝ていましたが、通気をしていない寝具はこもった匂いに包まれていました。壊れた木製の鎧戸は閉められ、カーテンで半分隠れていました。かつては白かったレースのカーテンも十数年分のエルサレムの砂埃によって変色していました。父は茶色のガウンを着ていました。よれよれになった帯で結ばれてなんとかガウンは留められていました。父は窓を背にして座り、母が横になっているベッドに顔を向けていました。私は窓に顔を向けて座り、ベッドを背にしていました。

父は「勤労者居住区B」の住人からなる委員会の収支を合わせようと再度試みていました。あの「嫌味屋」はすでに5回も電話をかけてきており、「例の書類」の返却を求めていました。いつものように父は一連の数字を読み上げ、私は若い数学徒の正確さをもって足し合わせていました。当時私は21歳でした。私はうんざりしていました。合計は赤字と黒字の間を揺れ動き、一致しませんでした。私は限界に達していました。窒息してしまいそうで、逃げ出したい思いでした。父はもう一度初めからやり直さなければならないと言いました。そして再び数字は、シャンデリアが作り出す影にまぎれて定まることなくずれました（電球は3つのうち2つ切れていました）。再び父は数字を読み、私は足し合わせました。それから父ははげかけた頭をかき、言いました。収支を合わせられなかったら、自分は自殺しなければならないだろう、と。

会計学

私は、その場に合わせた真剣な声音で、評議員に向けたスピーチを始めました。

会計学のみに重点を置いたプログラムを設立する計画に対し、強く反対を表明いたします。

そして、急いで続けました。

反対の理由を説明する前に、私は個人的に会計という職に対してつながりのあることをお伝えしておきます。今は亡き父が唯一受けた教育は簿記でした。若かりしころ、計算機もなく、父を手伝って帳簿を合わせるために借方と貸方を計算することに何時間も費やしたものでした。そして私に学ばせようと、ときおり父は簿記の根底にある論理的仕組みについて説明をしたものでした。

真剣かつ事務的な口調で私は続けました。

新しいプログラムに入学するのは疑いもなく本学の学生でも最も優秀なものたちとなるでしょう。彼らは卒業すると一流の会計事務所に職を得て、イスラエルのエリートとなるでしょう。その文化的な装いは好むと好まざるとにかかわらずわれわれが育てることになります。このエリートたちはどんな感じになるでしょう。彼らは批評家に風刺されるエリートのイメージに如実に似るどころかそのものとなるでしょう。

われわれが議論しているのは才能豊かで志もあり、21歳にして自分が人生で何を求めるかを知っている学生たちのことです。われわれはそういった学生にエリートに至る入場券を与え、会計学の十分な知識を授けることになります。しかしそれは、本校が授けうる、かつ授けるべき教育ではありません。

会計学は学問的科目だという流言を申す人もなかにはおりますが、この科学っぽい新参者に関する限り、いったいだれが数学や、生物学、哲学、言語学と同列に扱うことができるでしょうか。優秀な学生に学ぶようわれわれが推奨し続けるべきなのは、まさにこういった科目であり、「近所組合のための会計学」といった科目ではありません。

ここに至って、会計学部長が私の発言を遮って怒鳴りました。「君は自分が何を話しているのかわかっていないっ」。私は急いでまとめました。

お一人おひとりの公正なご判断によって、われわれのカリキュラムには目的にそった真の学問的卓越が存在するのか、それとも、美辞麗句でかの有名なソ連の共産党機関紙プラウダよりもプラウダらしい綺麗ごとを述べているだけなのかをお決めいただき、ご判断に従って投票いただきたいと思います。

私は講堂の後ろの自分の席へと戻り、父の簿記の学位記の中に急いで顔をうずめました。だれも私を見ようとはしませんでしたが、ただひとり、人文学の教授が私の発言に対して彼女自身は何点か賛成できない点があるとメモを手渡してきました。

今度は別の教授が現れました。髪を横に分け、しゃれたスーツに黒いネクタイを締めた彼は、演台に上がるとこなれた話し方で、私の発言内容に非常に驚きを感じたと述べました。「ここで私たちは簿記について話しているわけではありません」と説明しましたが、簿記という語を発したときに彼の表情には軽蔑の色が浮かんでいました。それから、私が簿記と会計の違いについて理解していないといったようなことを続けて述べました。「だれにでも簿記はできますが、会計士は学士を取得しなければいけません。会計学というのはどの点から見てもれっきとした学問的職業であり、国際会議もあれば科学的な刊行物もあり……」。

それから投票が行われ、大多数の賛成を得てプログラムは承認されました。しかし実のところ、少なからぬ人々が私の発言によって影響を受け、反対を投じていました。棄権をした者もいましたが、だれもいちいち数えようとはしませんでした。

その後何日間か、私の発言を遮った会計学部長を許すことができませんでした。彼が口にしたことは不正確なことばかりだと容易にわかりました。会計学部長と学長宛にメールを出し続け、プログラムの認可は会計学部長の提示した誤った情報に基づいている証拠を示しました。恥をかかされた学長はこのプログラムをしかるべき委員会に照会し、そこに至って私は言い続けるのを止めました。

私が想起する父の面影は今では「シオンの娘たち」の学位記の写真です。若くて顔立ちも良く、真面目で、はにかみながらも誇らしげです。しばしばキャンパスの会計学部長のいる建物にぶらりと入って、彼の父親が何をしていたのか尋ねたい衝動に駆られました。それでいて、あえて尋ねる気にならなかったのは、あんな彼にも「父」と呼べる存在があることを知るのがためらわれたからでした。

委員会でそのプログラムに何が起こったのか私は知りません。おそらくそこで潰されたのでしょう。おそらくいずれ再燃し、全会一致で評議委員会で認められることになるのでしょう。あるいは、もうとっくの昔に評議委員会で承認されてしまっているかもしれません。私はもう興味がありません。私が本当に望んだ唯一のことは、母のベッドの傍、窓に面した小さな部屋のプラスチック製の机で私と父が収支を合わせることのできなかった帳簿を仕上げることだけでした。結局、ひとりの父親を負債項目から資産項目に移したかっただけなのです。

経済学と私

経済学と社会問題についての講演を私はよく次のように始めます。

まず、すべての学者が公的立場でなすべきこと、とくに議論の余地がある政治的問題に触れるときになすべきことについて、私の信じるところを話しましょう。

学者ならば、自分の発言内容のどの部分が自らの専門的知識を反映したものであるかを明らかにしなければなりません。つまり学問的知見に裏打ちされた意見がどこであり、単なる個人的考えや意見に過ぎないのはどこなのかということです。そして、だからこそ、曇るところなく、臆することもなく、それどころかいくばくかの誇りと共に、ここでの私の言葉がなんら私自身の学問的知識に関係のないことをはっきりお知らせしておきます。ここでの私の発言はすべて個人的なものであり、私の今までの人生全般に及ぶ経験に基づいています。それにはもちろん私が専門的に経済理論に携わってきたという事実も含まれています。

しかしながら、私の理解が正しければ、経済理論は今議論している問題の核心について何も教えてはくれません。選択肢が何であるのかを私が把握しているかどうかすら定かではありません。

たとえば、明日のインフレ率や、明後日の製造業生産指数を私は予測しようとしているわけではありません。

もちろん、ここに私が招かれているのは、こういったことに詳しいはずの経済学の教授だからだという事実は把握しています。そして自らの無知を確かに恥ずかしく思います。では、私がなぜここに来たのかをみなさんは問うでしょう。私は、一経済理論家として、巷の経済問題に関する議論で経済理論が濫用されていることをお伝えしに参りました。控えめに言っても、私はこの濫用を好ましく思っていません。

右記の言及は、「特定の」基準に私自身がコミットすることを免れるための見せかけといったものではありませんし、単に他の経済学者と異なった自分の印象を醸し出そうとか、自分をよく見せようといったつもりもありません。この出だしは、私が本当に信じていることを反映したものです。それにもかかわらず、私の発言が懐疑の念と共に受け取られていることがはっきりとわかります。

私自身、仮に経済学とまったく関係のないことを述べると宣言して講演を始め、顔には同僚に対する優越感を浮かべて話し、「天に唾する」と見られても仕方のない講演をする経済学の教授がいたらばかにするでしょう。もしも私が天文学者か中世史の歴史家ならば、だれも政府の経済政策について話すよう私を招かないでしょう。いくら事前に弁解をしても、聞き手は引き続いて私を経済学の教授であると（せいぜい、変わり種だと思っても）見なすわけであり、思慮的な市民としてのみ見なすことはないことは明らかです。だからこそ、権威などないと警告するにもかかわらず、あたかも権威ある人間が話したかのように私の発言をとる人もいるのではないかと疑っています。

本書においても、客観性を求めてはいません。読者に私が見出した真理といったものをお見せしようとしているわけではありませんから。それどころか、ここで私が述べることはすべて、たとえ学問的な文脈であれ（意図的に「学問的」という語を使うのは、「科学的」という語は経済学にはふさわしくないと思うからです）、完全に主観的で議論の余地があるものです。したがっておそらく私自身について形容することにはなっても経済理論を形容することにはなりません。

私が学んだエルサレムのヘブライ大学では、多くの比類ない教授の講義を聴く機会にめぐまれました。とくにそのうちの2名のおかげで、私は経済理論に携わるようになりました。うちひとりは経済学の世界では無名で、財務省の顧問に推薦されることもなく、それどころか数理経済学の論文すら書いたことのない人です。その人は数理論理学者のサハロン・シェラーです。

エルサレム近郊都市のギヴァットーラームのスコーパス山にあるキャンパスの講義室から友人と連れ立って出るときには、集合論や数理論理学の授業でシェラーがぎっしりと書き連ねた黒板から必死に読み解いた定義と証明で私たちのノートはいっぱいになっていたものでした。書き写したものを理解したとき、その完璧さ、概念構造のレベル、論理性にわれわれは驚きました。簡潔で精確なルールによる、厳密かつ誤謬を生まない様式に直面しました。美しいモデル、言明の仕方、証明に触れ、審美眼が磨かれていきました。

しかしこういった授業で学習した抽象的な数学概念は（数学科で受けたその他の授業と同様に）、実のところ、自分たちの周囲の世界に対する興味を呼び覚ましたところに魅力がありました。直観的にもどうにかすれば、われわれの習っている論理概念が現実の生活と直接関係していると感じることができました。友人とカフェテリアでコーヒーを片手に幾度も議論しました。数学的言明を解釈すると、数学概念の関係性だけでなく、人と人との関係性とも捉えることができました。このことに当時は大変興奮しました。

大学に入って三年目、私の学究上負うところの多い2人目の教師に出会いました。メナハム・ヤーリです。少人数講義のレポートの題材として、ヤーリはアマルティア・センの『集合的選択と社会的厚生』というすばらしい本を私に薦めました。この本はとても変わった構成をしています。星印のある第1章と、星印のない第1章というように、各章が2つあります。星印のない章ではさまざまな社会選択理論の公理が言葉で説明されており、星印のある章では言葉による説明はなく、代わりに一連の精確な定義、議論、および証明が書かれています。

この本を読んだとき、2つのことに気づきました。まず、経済学は面白いということ、それはまったく思いもよらないことでした。そして次に、われわれの日常生活と数学記号の世界は私がそれまでカフェテリアで話していたころに考えていたよりもはるかに深いということでした。その本を読むまで、まるで子どものように葉や丘、影を見つめてその中にヒーローたちの姿を想像しては自分には何が見えるのだろうかと不安を感じていました。

センの本を読んだのち、私たちがカフェテリアで話していたことは事実、経済理論の核心への紛れもない突撃だったと気づいたのです。経済理論は人と人の関係に関する抽象的な概念を（星印のない章で）厳密に考察しているからです。そして経済理論の思考ツールこそ（星印のある章にある）数学モデルなのです。

経済寓話

経済理論は私たちが「モデル」と呼ぶものを通じて具体的な思想となります。「モデル」という言葉は「おとぎ話」や「物語」という言葉よりも科学的に聞こえます。しかし、いずれの名前でも本質は同じものだと私は思います。

おとぎ話の著者は人生の教訓を読者に伝えようとします。そのために架空の世界と現実を行き来する物語を創作します。

そういったおとぎ話を非現実的、あるいはあまりに単純という理由で無視することは可能です。しかし、それはおとぎ話の長所でもあるのです。架空の世界と現実を行き来することで、枝葉末節や蛇足から自由でいられます。この自由によってものの見方は広がり、潜在的な感情に気づいたり、物語から教訓を学んだりすることも容易になります。架空の世界から現実の世界に戻るときにおとぎ話のメッセージを連れて戻ります。そして、おとぎ話に描き出されていた状況と似た状況に遭遇するとき、そのメッセージを賢く適用するのです。

経済理論では、ハリー・ポッターや、裸の王様、ソロモン王の物語のように、想像の世界を楽しみます。経済理論は物語を紡ぎだし、それをモデルと呼びます。経済モデルもまた架空の世界と現実の間のどこかにあるのです。モデルは単純で非現実的であると弾劾されることもありますが、モデルを作ることは不可欠なことです。なぜなら、概念を明確にして前提を評価したうえで結論を確たるものとし、モデルの世界から戻るときに現実の生活において大変役に立つ洞察を与えてくれる唯一の方法だからです。

現代経済学では、物語は論理的に表現されています。つまり言葉は記号によって代替されています。経済概念は数学的枠組みの中に据えられています。

よくある物語というのは、次のページにあるようなものです。

そして、経済モデルは、その次のページにあるようなものです。

論理言語を使うことには長所があります。論理言語によって語り手は自らを律するようにな

THE EMPEROR'S NEW CLOTHES 91

suit me well?' And then he turned again to the mirror, for he wanted it to appear as if he contemplated his adornment with great interest.

The chamberlains, who were to carry the train, stooped down with their hands towards the floor, just as if they were picking up the mantle; then they pretended to be holding something up in the air. They did not dare to let it be noticed that they saw nothing.

So the emperor went in procession under the rich canopy, and every one in the streets said, 'How incomparable are the emperor's new clothes! what a train he has to his mantle! how it fits him!' No one would let it be perceived that he could see nothing, for that would have shown that he was not fit for his office, or was very stupid. No clothes of the emperor's had ever had such a success as these.

よくある物語

ります。経済物語の話し手は論理言語を使うことで自分の前提を正確に解説せざるをえません。「そのため」とか「したがって」とか「これゆえに……」といった表現をする場合、客観的な批判にさらされることになります。前提から導き出された結論は数学的命題として形成されなければならず、証明が伴っていなければなりません。

経済モデルを記述することは、物語の始まりに似て、ヒーローや、彼らの目的、任務を行う状況を説明します。始まりから終わりに向かってモデルが進行「可能」となる一連の規則は

100 ARIEL RUBINSTEIN

2 knows its actual value. In such a situation some new aspects appear. 1 will try to conclude from 2's behavior what the true bargaining cost is, and 2 may try to cheat 1 by leading him to believe that he, 2, is "stronger" than he actually is. In such a situation one can expect that the bargaining will continue for more than one period. I hope to deal with this situation in another paper.

2. THE BARGAINING MODEL

Two players, 1 and 2, are bargaining on the partition of a pie. The pie will be partitioned only after the players reach an agreement. Each player, in turn offers a partition and his opponent may agree to the offer "Y" or reject it "N". Acceptance of the offer ends the bargaining. After rejection, the rejecting player then has to make a counter offer and so on. There are no rules which bind the players to any previous offers they have made.

Formally, let $S = [0, 1]$. A partition of the pie is identified with a number s in the unit interval by interpreting s as the proportion of the pie that 1 receives. Let s_i be the portion of the pie that player i receives in the partition s: that is $s_1 = s$ and $s_2 = 1 - s$.

Let F be the set of all sequences of functions $f = \{f^t\}_{t=1}^{\infty}$, where $f^1 \in S$, for t odd $f^t : S^{t-1} \to S$, and for t even $f^t : S^t \to \{Y, N\}$. (S^t is the set of all sequences of length t of elements in S.) F is the set of all strategies of the player who starts the bargaining. Similarly let G be the set of all strategies of the player who in the first move has to respond to the other player's offer; that is, G is the set of all sequences of functions $g = \{g^t\}_{t=1}^{\infty}$ such that, for t odd $g^t : S^t \to \{Y, N\}$ and for t even $g^t : S^{t-1} \to S$.

The following concepts are easily defined rigorously. Let $\sigma(f, g)$ be the sequence of offers in which 1 starts the bargaining and adopts $f \in F$, and 2 adopts $g \in G$. Let $T(f, g)$ be the length of $\sigma(f, g)$ (may be ∞). Let $D(f, g)$ be the last element of $\sigma(f, g)$ (if there is such an element). $D(f, g)$ is called the *partition* induced by (f, g). The outcome function of the game is defined by

$$P(f, g) = \begin{cases} (D(f, g), T(f, g)), & T(f, g) < \infty, \\ (0, \infty), & T(f, g) = \infty. \end{cases}$$

Thus, the outcome (s, t) is interpreted as the reaching of agreement s in period t, and the symbol $(0, \infty)$ indicates a perpetual disagreement.

For the analysis of the game we will have to consider the case in which the order of bargaining is revised and player 2 is the first to move. In this case a strategy for player 2 is an element of F and a strategy for player 1 is an element of G. Let us define $\sigma(g, f)$, $T(g, f)$, $D(g, f)$ and $P(g, f)$ similarly to the above for the case where player 2 starts the bargaining and adopts $f \in F$ and player 1 adopts $g \in G$.

The last component of the model is the preference of the players on the set of outcomes. I assume that player i has a preference relation (complete, reflexive, and transitive) $\gtrsim_i$ on the set of $S \times N \cup \{(0, \infty)\}$, where N is the set of natural numbers.

経済モデル

解概念と呼ばれます。

同一のモデルに複数の解概念を適用することができます。解概念を、前提の妥当性によって比べ、多くのモデルに適用できるものが好まれます。論理言語によって話し手は原則を遵守するよう要求されますが、経済物語の結論はモデルの中で形成された前提と、定められた解概念に従って導出されなければなりません。

しかし、論理言語には短所もあります。科学的であるかのような幻想を与えてしまうのです。数理モデルになじみのない人々は概して「絶対的真実」を表現しているものと捉えがちですが、物語以外の何物でもありません。付け加えると、数理モデルが想定する読者というのは玄人に限られます。今では教育者としての経験から、経済学に対するセンスも高い最優秀の学生でも数理モデルの言語には困難を感じるということを学びました。おそらくは数理モデルとその解釈との区別、数学的概念とそれに付随する言葉との区別がなかなかつかないためです。

さらに、経済政策についての問題となると、モデルの論理的外見によって経済学者の見解は科学的で鵜呑みにできるという誤った印象を生み出すことを助長し、素人目にはモデルが依拠する前提を覆い隠しかねないのです。秘密の論理言語と通常の人間の会話の間にある障壁によって、経済学界の仲間内でなければ「専門的な」経済学的主張を批判することはほぼ完全にできなくなってしまうのです。

ホテリングによる大通りの物語

ハロルド・ホテリングの大通りのモデルは、経済理論においてかなり成功したモデルの中でも簡潔なものと考えられています。2人の新聞販売員は街の大通り沿いにいる市内の新聞購読者層の顧客をめぐって競争しています。各販売員は自分の売り場に買いに来るお客の人数を最大にしようと努めます。

このモデルの簡単なバージョンでは、それぞれの売り手の行動の自由は制限され、売り場の場所を選べるだけです。新聞の価格は出版元によって決められており、そのため販売員は価格を下げることによって競争し合うことはできません。いずれも暴力によって自分の市場のシェアを守ったり広げたりすることはできず、また、裁判所に訴えて「昔からあの通りはすべて自分のものだ」とか「通りの半分をいただくのが当然公平だ」などと主張する権利はありません。かつて私の師、メナハム・ヤーリが述べたように、モデルの中の経済主体に欲望はあっても権利はないのです。

夜明けと共に販売員はそれぞれ自分の売り場を通りのどこかに設置します。昼時には、それぞれの購読者がめいめいの持ち場を離れて休憩に入り、どうしても新聞を読まずにはいられなくなります。読者は2人の販売員がどこにいるのかを見て、より近いほうから新聞を買うことにします（もしも2つの売り場が読者にとって等距離ならば、新聞をいずれかの売り場で買う確率は等しくなります）。次ページの数直線は2人の販売員の間にいる消費者の分布を描いています。2人のいる場所の中点に垂線が引かれています。垂線の左側にいる人はみな販売員1から購入し、右側にいる人はみな販売員2から購入します。

ここまでが物語の出だしでした。つまりその場の参加者を記述し、各々の選択肢の範囲と目的を定めました。この物語の結論は2人の販売員が行う選択を記述することです。言い換える

と、モデルの中の2つの未知数は販売員両者の場所です。

以前述べたように物語の結論、すなわち2つの未知数の解が評価される基準は、解概念にあります。右記のような状況によく用いられる解概念は**ナッシュ均衡**と呼ばれています。詳細は第2章で扱います。ここではホテリングモデルに即して説明します。

このモデルのナッシュ均衡は対となった場所の組み合わせであり、ひとつの場所が2人の販売員それぞれに対応しています。この組み合わせがナッシュ均衡という名を冠するためには、各販売員の場所はそれ以外の場所よりも最も良い場所でなければなりません。

まず、2人の販売員が中央にいる場合を考えてみましょう。通りの中点に位置するということは販売員の両側に等しい数の買い手がいることになります。ひとりの販売員が中央にいるとき、もうひとりの販売員は同じく中央に立地しなければ半分未満の市場のシェアを得ることになります。そしてもし中央に設置すれば市場の半分のシェアを得ることになります。したがって、相手が中央にいるのであれば新聞売り場を中央に構えるのが両者にとって最善となります。結果的に、ナッシュ均衡は2人が中央に売り場を設置したとき達成されます。

それ以外のどの場所の対もナッシュ均衡ではありません。販売員2人が違う場所にいると、相手に近づいていくことでお互いに自分のシェアを広げることができます。中央以外の同一の場所に2人で店を構えても、均衡にはなりません。中央に向かって動くことで自分の市場のシェアを増やすことができます（相手が動かないと仮定すれば市場の半分以上を得ます）。

したがってただひとつの均衡だけが残されました。2人の販売員は中央に店を開きます。この状況は、均衡がひとつしかないモデルなので、経済物語の語り手の観点からすると理想的です。なぜなら、均衡の結果は物語の必然的な結果と見なしうるからです。

ところで、このモデルでは、競争は買い手の立場からすると望ましくない結果をもたらしています。もし販売員のひとりが中央以外の場所にいれば、買い手はだれも損をしないどころか得をする人もいます。たとえばいちばん近い販売員がより近距離になる買い手です。

ホテリングのモデルはさまざまな状況に応用されています。

たとえば、街の大通りの代わりに、経済学者はこのモデルを炭酸飲料の製造会社2社が製品の砂糖含有量を決めなければならない状況にあてはめます（ただし2社は複数の製品を提供することはできません）。この場合にモデルから導かれる結論は2社が同一の製品を製造すべきというものです。

政治学者は大通りの各場所を一次元空間の政治的立場として解釈します（政治的に右翼か左翼かといった具合です）。各候補者はその政治地図の上に陣取り、最大得票を得ようとします。政治空間内のいずれかの場所にいる一人ひとりの市民は自分自身の政治観に最も近い候補者を選びます。だれもがその政治配置と政治空間内の距離概念を知っています。このモデルの唯一の均衡はこの場合次のように解釈されます。もし2つの政党が政治空間内で活動しており、争点が原則的に一次元であるならば、2政党の位置は同一で政治的二極構造の中心となります。

とはいっても、皮肉屋でもなければこの結論が現実世界の政治的現状に適合するなどとは言わないでしょう。たとえアメリカ合衆国においても、2政党は同一とはほど遠い状況です。しかしホテリングのモデルは民主党と共和党の2政党の活動の裏にある動機――中心を獲得すること――を浮かび上がらせるのです。

3人の仕立て屋の物語

600人の住人がいる島を思い浮かべてください。

全員が同じ服を着ており、毎月修繕が必要です。3人の仕立て屋が服の修繕にあたります。思い出せる限りの長い間、島民は3人の仕立て屋の間で等分されています。ひと月に一度、住民はみな自分の父親が利用したのと同じ仕立て屋に行きます。伝統、あるいは法令によって、修繕の価格は毎月5ドルと決められています。

仕立て屋たちは最小限の無視できるほどわずかな支出をするものと想定してください。仕立て屋はそれぞれできるだけ多くの顧客を得たいと思っています。しかしどんなに努力しても、ひと月に300を超える修繕はだれもできません。住民は仕立て業には「隠れた失業」があると感じています。仕立て屋たちはしばしば新聞を読んだりうたた寝をしているところを目撃されています。仕立て屋は2人で十分なようで、ひとりは仕立て業を辞めて別の仕事を見つけたほうが良さそうです。経済学の用語で言えば、この状況は非効率的です。

こう仮定しましょう。すべての仕立て屋にはさまざまな他の就業機会があります。この選択肢は、仕立て業を続けるか辞めるかを決めるにあたってかかわってきます。

仕立て屋Aは別の職に就いた場合、月900ドル稼げると期待でき、仕立て屋Bは600ドル稼ぐと予想されます。仕立て屋Cの就業選択の代替案は限られており、仕立て業を離れると月に300ドルしか稼ぐことができません。どの仕立て屋も縫い針を捨てることを選ぶとすれば、それは仕立て業から得る収入が代替収入（「機会費用」）よりも下がる場合です。現状では、一着の服を修繕する価格は5ドルなので、だれも仕立て業から離れようとはしません。仕立て屋はみな200人の顧客をかかえ、月収が1000ドルだからです。

ある日、自由市場の発想が島に訪れました。伝統は幕を閉じ、法令は撤回されました。いまやどの仕立て屋も修繕にかける価格を決められます。住民は価格を比較し、いちばん安い価格で利用できる仕立て屋に変更します。最安値を提供する仕立て屋がひとりより多い場合、島民の消費先は等分されます。仕立て屋は現代ビジネスマネジメントの短い講習に出て、新しい経済体制における自分の役割を身につけます。それは、市場というものに順応し、利益を最大化しなければならないということです。新しい状況の下で島には何が起こるのでしょうか。

3人の仕立て屋の物語の続きは以下の質問に答えるものでなければなりません。どの仕立て屋が今の仕事を続けるのか。仕立て屋と消費者の間の取引状況はどうなるのか。この種の文脈における経済学のお決まりの方法は、**競争均衡**という解概念を用いることです。この均衡概念はこの物語の展開に次のような条件を課します。

(1) すべての消費者は同一の価格を支払う。

(2) どの仕立て屋も仕事の対価を知っており、現職で得られると信じている収入と現職以外から得られる潜在的な収入を比べる。もし現職以外の収入が低ければ仕立て屋のままでいる。

(3) 仕事を辞めなかった仕立て屋がお客として考慮すべき消費者の数（供給）は、仕立て業を利用したいと思っている島民の数（需要）に等しくなる。

さて、600人の島民全員はどんな価格でも仕立て屋を利用するつもりです。いま仕立て屋の支出はないので、300人の消費者を抱えることを悪く思っていません（ひと月に可能な最大修繕数です）。したがって、この状態ではぴったり2人の仕立て屋が仕事を続けることが必然となります。

競争均衡の概念を特徴づける論理はもし仕立て業の価格があまりにも高くて仕立て業の供給が需要を超過した場合、価格は下がり、仕立て屋のひとりが仕事を辞めるということです。そしてもし価格が低くて仕立て業の需要が仕立て屋が供給できる以上である場合、価格は上昇し、別の仕立て屋がこの仕事に復帰するのです。

ここで、価格が2・50ドル（あるいはとにかく2ドルと3ドルの間のいずれかの価格）で、仕立て屋BとCだけがこの職業に留まっている状態が競争均衡であることを確かめましょう。各仕立て屋（BとC）は300人の顧客がいて、収入は各々750ドルです。この収入額は代わりの仕事から受け取る収入よりも両者にとって多いものです。その一方で、仕立て屋Aは仕立て業を辞め、それ以外の仕事から900ドル稼ぎます。もし仕立て業に戻ると、最大でも750ドルしか稼げないので別の仕事をして稼いでいる額よりも少なくなります。

どの競争均衡でも、仕立て業の価格は旧体制下での価格よりも下がります。なぜなら、もし仕立て業の価格が5ドル（かそれ以上）だったならば、新しい職業に就くよりも仕立て屋としてのほうがもっと稼げると考えて、だれも仕立て業を辞めなかったはずだからです。代わりの就業機会が比較的実入りのよいものでない2人の仕立て屋だけが仕立て業に残ります。そして島民の生産全体は成長します。「見えざる手」は競争均衡価格をもたらし、仕立て屋と島民の利己心を調整して伝統ともはや撤回された法令によって生まれていた非効率を正すのです。

どのようにして市場は競争均衡価格に至るのでしょうか。経済学の初級の授業で与えられる通常の説明はこのようなものです。伝統と法令が廃止される前の服の修繕価格は5ドルでした。伝統と法令が廃止された後、価格戦争が勃発します。「再教育」された仕立て屋のひとりが価格を4・90ドルに下げたほうが得だろうと結論づけると、それによってすべての島民がその仕立て屋を利用したいと思う状況が生まれます。それほどの間をおかず、他の仕立て屋も見習って価格を下げます。そのために価格はどんどん下がり、仕立て屋のひとりが4・50ドルよりも安い価格でサービスを提供する段階に至ります。ここに至って、最も良い代替的な就業機会を持つ仕立て屋が仕立て業を辞めて、別の職業に就き、島にはただ2人の仕立て屋が残るのです。

この物語ではいくつかの前提が明らかになっていません。まず、伝統と法令が廃止された後、仕立て屋が価格を下げることは実際それほど自明でしょうか。期待できることは、彼らが自分自身の個人的な利益の追求のみにしたがって行動するということです。しかしもし仕立て屋が自分の収入のみに関心があるのならば、実のところ価格を下げないほうがよいのです。なぜなら他の仕立て屋が自分の行動に反応して価格を下げた場合に将来引き起こされる大きな損失を考えれば、顧客を増やすことによって得るどの利益も一時的で些末なものでしかないと理解するからです。価格の低下を控えるために同僚と話をする必要もありません（仕立て屋同士のあからさまな協調は独占禁止法によって禁止されているかもしれません）。はっきり言うと、仕立て屋はだれも価格戦争を望んでいないでしょう。

次に、仕立て屋はそれほど賢くはなく、競争的雰囲気が仕掛ける罠に陥ったと仮定してみましょう。実際に、消費者が最も安い仕立て屋を選ぶことは明らかでしょうか。それまで、父親そして祖父が利用していたのと同じ仕立て屋を利用していたのです。いまや頻繁に価格を比較する必要があります。もし仕立て屋間の価格差がそれほど大きくなければ、節約することが価格を比較する面倒に値しないと判断する消費者もいることでしょう。そこで、ほとんどの消費者はわざわざより安い価格で利用できる別の仕立て屋を探すようなことはしないだろうということによって、仕立て屋は実際に価格をわずかに上げるかもしれません。もし消費者が価格を比較しなければ、市場は競争均衡価格よりも高い価格で安定するかもしれません。

最後に、島民はみな最も安い仕立て屋を探すことを真の国家的使命、つまり経済学者が主張しているように社会に資する行動なのだと認識していると仮定し、さらに、仕立て屋はあまり頭がきれるわけでもなく価格競争が生じて価格が顕著に低下し、加えて、仕立て屋のひとりがいまの職業を諦めて代わりの雇用機会を見つけ（失業して島の通りにいるということはないということです）、国内市場が拡大したと仮定してみましょう。それでも次の疑問に思い至ります。この物語は言うほどに幸せなものでしょうか。

競争的経済体制によって生み出された島の変化は、確かに「国内市場」を成長させました。しかしながら、この改善は所得の分配にも変化を及ぼしています。仕立て屋にとっては状況は悪化し、消費者にとっては好転しています。

いま所得分配は良くなっているのでしょうか。

仕立て屋は仕事に対してより公平な補償額をもらっていることになるのでしょうか。現在の服の修繕価格は以前より納得のいくものなのでしょうか。

こういった質問に対して客観的な答えは存在しません。経済学者は新しい状況と以前の状況のいずれかを選ぶ手段を持ちません。島の住人こそ、ひとりも余すところなく全員が、まさに決断をしなければならない人びとなのです。

交渉物語

パイがひとつあり、2人の人が分けて食べます。彼らをA、Bと呼びましょう。2人はできるだけ大きなパイを欲しがっています。パイをどのように分けるかについて合意が成立しなければ、2人は何も手に入れることができません。2人は空腹で、自分の分のパイをできるだけ早く食べたいと思っています。妥協しないと、パイの分配は遅れて、2人ともいてもたってもいられなくなります。できるだけ大きなかけらを得たいという気持ちによって強引な行動が生じます。一方、早く食べたいという気持ちが妥協を生みます。

交渉過程は両当事者が合意に至ることを可能にする手続きです。ここで提示された交渉モデルでは、時間軸に沿ってやり取りが起きます。毎日どちらかが提案を行い、相手が返答し、承諾か拒否をします。差し出された提案を拒否する場合には必ず、拒否した側が翌日になってから対案を示します。このようにして、どちらかが相手の提案を受け入れて合意が成立するまで続けます。合意が成立すると、交渉は終わります。

両当事者のいずれにとっても、合意が成立することなく1日が過ぎることはまるでパイの一部を失うかのようなことです。この損失は交渉過程で無駄になる時間コストを表しているかもしれませんし、交渉に携わる精神的な負担を表しているかもしれません。

Aにとって、毎日の交渉によって引き起こされる損失はパイの2％にあたるとしましょう。Bはさらに辛抱がなく、彼にとって毎日の交渉の損失はパイの3％にあたるとしましょう。ここで、今日パイの57・5％を得ることのできる提案と、翌日パイの60％を得ることのできる提案とを比べましょう。いずれかをAが選ばなければならないとすると、Aは翌日まで待つでしょう。見送ることで、Aは2・5％のパイを余分に得ますが、これは、1日余計に交渉を長引かせることによって被る損失2％を打ち消す以上のものだからです。反対に、もしBが今日パイの40％をもらうことに同意するか、翌日の42・5％に同意するかを選ばなければならないとすると、間断をおかずに交渉を締結することを選ぶでしょう。もし先延ばしにすると2・5％のパイを余分に得ますが、これでは、1日余計に交渉を長引かせることによって、3％の損失を下回るのです。

以前述べたとおり、解とは物語の始まりを終わりにつなげる規則です。ここでは**完全均衡**と呼ばれる解概念を用います。完全均衡は各交渉当事者の行動計画（戦略）の組です。その2人の戦略は以下の条件を満たします。何が起ころうともその先、交渉人の戦略は相手の戦略に対して最善のものとなります。とくに、もしあまりにも少ない量を提案された場合、その提案が自分の戦略に従うと拒否すべきものならば、その戦略を持つプレイヤーはたとえ自分の行動を再考したとしても現実にその提案を拒否したほうがよいでしょう。言い換えると、少量の提案を拒否する脅しも戦略にあるなら、その脅しは信用できるものとならなければなりません。

交渉ゲームは唯一の結果をもたらすことを示せます。交渉はすぐに終わります。もしA（比較的我慢強い交渉人）が最初の提案をするなら、Aはパイ全体を受け取り、もしBが最初の提案をするならAはパイの98％を受け取ります。証明をここでは示しませんが、以下結果の裏にある論理を概説します。

まず、次の戦略の組を見てみましょう。

各交渉人は自分が提案をする番になると、パイの半分を要求します。そして提案に応答する番になると、少なくともパイの半分が与えられる分け方にだけ同意します。言い換えると、双方とも常にパイを等分するつもりでおり、得られるのがパイの半分未満ならどんな提案も拒否すると脅しています。

この戦略の組は完全均衡ではありません。受け取るのがパイの半分未満である提案をすべて拒否するという脅しは必ずしも信用できないからです。交渉人にとって脅しを実行することに意味がないこともあるのです。たとえば、もしAが何の気なしに戦略を変えてBにパイの49%だけ与えたとします。するとBは戦略に従うならば提案を拒否するはずです。しかし、もしBが脅しを実行して提案を拒否すると、戦略の組のとおりならば、翌日にBが対案を示したところでたかだかパイの50%を得ることになります。なぜなら、Aが次は自分の戦略に従うと予想されるからです。もしBがAの提案を受け入れてパイの49%を得ると、パイの1%を失いますが、交渉を長引かせることによる3%の損失を回避することができます。したがって、この状況では、Bがパイの49%しか受け取れない提案を拒否するという脅しは信用できないものであり、戦略に従って行動しないことがBにとって最善となるのです。

一方、次の戦略の組は完全均衡です。

Aは常にパイの100%を要求し、少なくとも98%を獲得できる提案ならば必ず同意します。Bはパイの2%を要求し、何ももらえない場合も含めてどんな提案でも受け入れます。Aの戦略には受け取るのが98%未満となる提案をすべて拒否する脅しも含まれています。これは信用できる脅しです。もしBがパイの98%未満をAに提案したら、Aは確実にその案を拒否して、戦略どおりに行動し、翌日パイ全体を手に入れる合意に達することで増分が2%よりも大きくなることを期待するのです。この増加分は、交渉がもう1日増えたことによって生じる2%の損失分よりも大きいのです。どんな提案でも受け入れるつもりなので、Bの戦略には何の脅しもありません。

たとえ戦略の説明に用いられた数字やその他の数字が入れ替わったとしてもこの戦略の組が完全均衡となります。たとえば、以下の戦略を見てみましょう。Aは常にパイの60％を要求し、少なくとも58％を得ることのできるどんな提案にも同意します。Bはパイの42％を要求し、少なくともパイの40％が与えられるどんな提案にも同意します。もしAが理由なく計画を変えてBに39・5％を提案すると、Bは提案を受け入れたほうがよいことになります。もし提案を拒否して脅しを実行すると、翌日合意には至りますが、パイの42％を得ることになります。増加した2・5％は交渉が1日余分に増えたことによる損失（3％）を補えません。

ここで示された交渉のモデルは、合意が成立しないまま日が経つごとにパイの一定部分に等しい損失が各プレイヤーに生じると仮定し、時間を相手よりも「高価だ」と思っていないプレイヤーが全部（またはほぼ全部）のパイを手に入れるだろうと「予測」しています。このモデルはおそらくより時間を高価だと考えるプレイヤーが、時間を相対的に高価だと思っていないプレイヤーに対して弱い交渉立場にあるという一般的な直観を明らかにしています。しかしこのモデルが現実を表現しているわけではなく、現実は常により複雑です。それは、プレイヤーの思考がより複雑で、「すでに60％の提案を拒否したのであれば、今後もそれより少ない提案を受けいれない」といった心情があったり、交渉人が常に合理的に振る舞うとは限らなかったり、現実生活での交渉は、提案を交互に行うという今回の手続きに比べれば、より柔軟なものだったりするからです。

私がこのモデルを考えたのはエルサレムで博士課程を終える直前でした。エルサレムの旧市街の市場に触発されたのです。そこではベドウィンの敷物やアルメニアン食器を買うときに、ときおり値引き交渉をしていました。

私は値引き交渉が本当に大嫌いです。かつて、市場での値引きゲームに嫌気がさした私は、取引相手に「別のゲームをしようじゃないか。君が提案して私がただ『はい』か『いいえ』を言うのはどうだい」と言いました。お察しのとおり、自分のいわゆる専門的知識を活用して、うんざりする値引きの過程を省ける異なったメカニズムをデザインしようと挑戦していました。取引相手は意地悪く笑って価格を言い放ち、私は即座に拒否しました。しかしそのとき、交渉モデルを使ってこの世を正すという私の夢をどう捉えるべきか、適切な洞察を得ました。

「ちょっと聞くけど、俺の提案の中に君が受け入れられるものがあると思っていたとでも言うのかい」。それから彼は続けました。「何世代も、俺たちは俺たちのやり方で交渉してきた。まさか君はあえてそれを変えようというのかな」。私は彼のもとを離れましたが、顔は恥ずかしさに赤らんでいました。

物語の語り手

経済物語の例を3つ見てきました。もう一度問い直してみましょう。

「経済モデルと現実を繋げているものは何でしょうか」。

この質問の答えは経済学者によっても異なります。ある見方に従えば、経済モデルは、物語の世界ではなく、現実の世界について予測をするための土台として働くものとされています。この見方では、モデルの経済主体の行動や利害に関する情報に基づいて現実の人間の行動を予測する試みと経済モデルを捉えます。この捉え方によれば、物語ではなく、現実の世界の客観的な描写をしているのがモデルということになります。予測可能性が向上するので、このようなモデルの構築者は喜んでどんどん詳細を加えていくでしょう。もしモデルによってあまりよい予測が与えられなければ、詳細を付け加えることでモデルは拡大されねばなりません。しかし複雑さを増したモデルには高い代償がつきものです。結局、理解するのも難しく解くのも困難となります。

別の見方では、経済モデルの目的は鋭い認識を得ることとされます。モデルは知的な活動です。ちょうど兵士が訓練ではシミュレーションを用いるように、経済学者は助言を行う前にモデルの上で自分の直観を試します。数理モデルを使うことによって、現実に物事がどう起こるのかより良く直観できます。そのため、たとえば、ゲーム理論を専門とする経済学者は、いろいろな政府に対して公企業や周波数帯といった公的資産をオークションにかけることによってかなりの収入を得るように助言してきました。企業に雇われて戦略チームに加わり、公的オークションに参加する人もいます。こういった経済学者はある決まった特定のモデルに依拠せず、定式化されたモデルをいろいろと使いこなすことで感覚を鋭くするのだと主張します。

この捉え方にむやみに反対するつもりはありません。経済モデルが自分の認識を鋭くすると主張する人々は感じていることを正直に表現しているのだろうと私は思います。私自身も、経済理論の研究によって身についたものの見方を頻繁にしていることに気がつきます。しかし、これは確かなことですが、もし経済モデルに成人後の人生を捧げずに学者以外の職業に就いていたなら、私の人生観はこれほど抽象的ではなく、もっと役に立つものだったでしょう。

これら2つの捉え方は経済モデルに目的を求めていました。学生は勉強する内容に目的を求めます。「そうでなくっちゃ、なんで勉強するの」と思うからです。研究機関や大学の学長は有用性があると聞くほうが嬉しいのですが、それは実用的な面があるほうが研究に資金がつきやすいからです。私たち経済学者が研究の中に有用となりうる証拠を見つけると喜ぶのは、世界が数えきれないほどの問題に直面しているにもかかわらず、自分たちは意味のない研究に人生を費やしているという罪悪感に苛まれているからです。

モデルの有用性や現実的な運用を高望みしない、もうひとつの捉え方をぜひお伝えしたいと思います。この捉え方によると、経済モデルは論理モデルと本質的に変わりません。論理モデルは、日常言語による文句が正しいか誤っているかを人間が判断するような予測などではありません。考える者の思考を手助けするものでもなく、正確に考えられるよう教育するために作られたものでもありません。

私が論じたいのは、経済学は人生の理を研究するものであり、かといって予測や助言に役立つようなものではないということです。経済学者は経済的な意思決定主体が考慮に入れるかもしれない事柄を幅広く扱います。われわれ学者は経済モデルが単に面白いというだけでも満足します。しかしモデルが面白いものであるためには、少なくともある程度の人が意思決定をしたり行動したりする前に重視するような事柄を考慮に入れるものでなければなりません。

とくに、自分で編み出したあの交渉モデルが予測上著しい価値のあるものだとは思いません。交渉をどのように行うか助言するにあたって、読者のみなさんよりも私がふさわしいということはないでしょう（が、他の経済学者に劣るとも思いません）。そしてこういったモデルを扱うことで市場の値引き交渉の過程を理解する私の能力が磨かれたという気もしません。交渉のモデルと解概念はたくさんありますし、それぞれのモデルと解概念の組み合わせはそれ自身の論理に基づいています。せいぜい、日常的な考え方と交渉の過程につながりを見つけるくらいです。それだけのことです。

そのとおり、認めますが、この考えは魅力的で、私は自分のことを物語の語り手、哲学者、社会科学の研究者であると見なしつつ、実のところ、まったく経済学者ではないと考えているのです。「ご職業は」と尋ねられるたびに、たとえばアメリカ合衆国に入国するための申告書などでも、私は「経済学者」とは答えずに、単に講師と答えます。入国審査官と、隣席で眠そうにしている乗客に加えて、一体だれがその申告書を見るでしょうか。それでも自分を経済学者として定義することをいつも躊躇します。現在の経済問題に関する私の知識は限られています。人生のほとんどの間、こういった問題は私の興味を惹いてきませんでした。普段は新聞の経済面もスポーツやファッション、健康の面といっしょにすぐゴミにします。

この本は経済理論について自問してきたことを反映しています。

まず、私は数理モデルの魅力の虜です。論理記号から物語は出現し、こうした物語は私にとってまるで魔法のようです。一方で、経済モデルが現実に価値のある結論を生み出すと論じるどんな解釈も執念深く否定しています。経済学が哲学の一翼であること、社会的な出来事について知的な議論が行われうる学問分野として経済学に惹かれています。しかし、経済学に対して受け入れがたいと感じるのは、学問分野として保守主義に陥りやすく、社会の主流を占める強者を助け、したがって、私が感情移入をほとんどしない人びとの役に立つという点です。

エルサレムの雪

経済モデルについての私の考え方は完全に主観的で、経済理論を描写すると同時に、私自身を描写したものでもあります。

子どものころ、冬の朝、部屋の窓から外にある2本の緑色の木をちらりと見ては、それが真っ白になっているのを期待したものでした。雪をあんまり待ち望んでいたので、気象学者になりたいと思っていました。

気象学者は、私の考えるところでは、いつ雪が降るのかを知る最初の人でした。しかし、「今夜丘陵部では雪が降るでしょう」と雪の予報を告げられることが幾晩か続き、朝にはずいぶんとがっかりした気持ちにさせられたのでした。それから、予期せず銀白の光景と共に夜が明けて朝になることが幾日かあり、雪が降るのを最初に知るのは気象学者ではないのだと結論づけるに至りました。実際、最初に起き出すのは近所の食料店のアリエ・マンスドーフでした。彼は朝の祈りを唱えてから牛乳をびんに入れる作業に入るのでした。

その後、なりたいと思ったのは、知的で鋭利な論理の戦いによって相手を打ち負かす法律家でした。この英雄的な任務の準備をするため、シュムエル・ユーゴ・ベルグマンの本『論理学入門』を労働組合の図書館から借りてきました。この本によって議論の達人になったり、言葉のあやをふんだんに身につけたりすることはありませんでした。私が覚えているのは空き地に並んだ錫の兵隊たちの描写だけです。教室の弁論では、「『青年活動』に賛成か反対か」（私は「反対」でした）というお題で完全勝利し、議論で勝つには三段論法を理解するよりも個人的な魅力のほうが助けになるとはっきりしました。

幸いにして、エルサレムでも最もすばらしい地区のひとつで育つことができました。父が休日に出かけるシナゴーグの神父マイゼルがいました。共産主義者のサロ・メルセルは豚を食べることはみなに対する嫌がらせだと言っていました。ハナおばさんは、夫をシベリアに残して子ども2人と一緒にイスラエルに移民した人です。イエメン人の食肉処理人がいました。息子が罪を犯して捕まってしまった未亡人がいました。そして賢いヤコブソンは、ユダヤ人の戒律の合理性を解説する本を書きました。人間関係の複雑さを非常によく心得ている人々への厚い畏敬の念はご近所の人びとから習い覚えました。私がかかわってきた限りでは、こうした人々の意見は、モデルを用いる専門家の意見と同じくらい社会的ないし経済的な決断をするうえであてになります。

だから私はいつ雪が降るのかも、価格がいつ変わるのかも知りません。正義を広めようとしているわけではなく、社会規範を変えるために何かしてきたわけではありません。専門的知識に基づいてだれかに助言をする資格が私にあるようには思えません。研究対象のモデルが予測の土台として働くことなどないと考えています。一般に、経済モデルを役に立つかどうかで評価するのは適切だと思いません。

黄色いメモ用紙や黒板から生まれるモデルが人間の行動の予測の土台を構築するならば、私の目にはそれこそ魔法に映ります。経済学にはなんの魔法もありません、しかし心躍る感動はあります。エルサレムで数学科に在籍して勉強しているとき、論理の世界の感動を学びました。経済理論の内にもそういったものを時たま見つけます。好奇心と共に、人間関係の理をもう少しよく理解したいと試みている者として私は経済学に携わります。これは十分ではないかもしれません。しかし多分、不十分ということもないでしょう。

第1章

合理性と非合理性

Rational, Irrational

父の合理性

私は、とても合理的な人間であると自認しています。統計的な手法によって偶発的な事態を説明する一方、運命や超自然的な力の存在は認めていません。

私は13日の金曜日に生まれ、ラッキーナンバーなどくだらないと思っています。イェシャハヤウ・ライボビッチが神への信仰心を理論的に定義したものは好きです。トーラーと十戒の核心を突いているからです。彼の定義のおかげで、慈悲深く、罪を怒る神への信仰心が欠如している自分を恥じる気持ちから私は解放されました。決断するときに入念な分析を行うことを信条としています。自分に何ができるのか、目的は何なのか、この目的を遂行するためにはどんな行動が最適なのか、自問することが適切だといつも思っています。実際には、しばしば失敗しますが、試し続けています。私は合理的に生きることを理想としています。とりわけ合理性は、私のきらいな行動様式の対極をなすという非常に重要な役割を担っています。占星術師やトルコのコーヒーの占い師、学歴に物を言わせ、聴衆を扇動し、私利私欲を追求するあらゆる専門家の類に対して激しい嫌悪を感じます。

合理的方法は勉学の道に通じます。反対に、非合理的な世界は衝動や扇情に通じます。合理性対非合理性、理性対感情、勉強対祈祷、こういったすべての語句は私の父と母の対照性を浮き彫りにしています。

私の母はスロニムのユダヤ教ハシディズムの共同体に遡る一族の末裔であることを誇りにしていました。ハシディズムの小さな一派をなしたその共同体は19世紀半ばに興りましたが、ホロコーストによってほとんど跡形もなくなりました。父は反対に、ハシディズムとは敵対するミットナグディムを敬虔に信奉する家庭の出身でした。母に向かって激しく非難を加えたいときには、ハシディズムの一族出身であることを父は責めました。にもかかわらず、パスオーバーの前夜には祭りで食べるシュムラー・マッツォーという特別な無発酵パンをハシディズムの神父の職にあたるレベの息子の元へと父は私に取りに行かせたのでした。レベの息子は、私のおじのエリが自分の父親と共に伝統的なユダヤ教の小学校ヘダーで学んだことを話してくれたものでした。紛れもなく偉大なレベだったので、おじとそのレベが子どものころに一緒に遊んだのだと考えると、王族と巡り合ったような気がしました。

扇情的な騒乱は大嫌いです。私が参加した唯一の熱狂的な体験は父に連れられたトーラーのお祭り、シムハット・トーラーでした。

祭りの行われたスロニマーシティベルというシナゴーグは、エルサレム近郊ベット・イゾエルと国境の間の野原の端にありました。それはまるで失われたユダヤの街の色あせた写真から飛び出してきたかのようでした。伝統的なハシディズムの黒いコート、カポトッスの礼服を着た男たちの密集した輪の中で私はもまれていました。

初めは風呂屋のような匂いがしていましたが、そのうち男の汗の臭気によって石鹸の香りは追いやられてしまいました。共同体の年寄りたちは小さくて軽いトーラーの巻物を運びましたが、若い信者は重い巻物を運ぶ役目がありました。トーラーの運び手の周りを教典の教育機関イェシバで学ぶ若い学生が取り囲み、内側の輪につながっていました。私は外側の輪のお飾りとして部屋の隅々に無造作に寄せられたテーブルやベンチにぶつかりながら、片手で父の手を、もう一方の手で温かく湿っただれかの手を握っていました。踊りのリズムに合わせて動いたり、幾度も繰り返される詠嘆の言葉をつぶやいたりしようとしましたが、私はそういった言葉のほとんどを理解することはできませんでした。今でもこの言葉を覚えています。「神様、神様、どうして私をお見捨てになったのですか」。

しかし、シムハット・トーラーは一年にたったの一度です。一年の残りの日は、ミットナグディムが勝っていました。

思春期の反抗心が噴出したのは14歳のころでした。私は敬虔な信者になろうとして、父にタリトカタンと呼ばれるユダヤ教の裾のある下着を買ってほしいと父に頼みました。ある日の午後の散策のこと、メアシャアリム地区の入り口で父は私の転向に異論はないと言いました。しかし、外側から証を身に付けるよりも先にタルムードを学び、ユダヤ教の法律ハラシャを研究するべきだと言いました。さらに父はふさわしい教師をあてがうことまで提案しました。父は

「行う」前に「聞いて理解する」ことを私に要求するという合理的な方法によって対応したのでした。彼は冷静を保ち、争うことなく反抗をしずめました。

母は、子どもを含むすべての人に選択の自由があることを信じていました。私に対しては、危険なことでない限りよいと感じることは何でも実現してほしいと望んでいました。父は、経済学の教科書でおなじみの合理的な人間そのままにいつも明確な意見を持っていました。物理的にも経済的にも生き抜くことを確実にすることが大事なことでした。したがって、父は政府の実行する軍事的行動のすべてに賛成し、母が提案する居間の家具を買うための借金をすべて拒否し、不必要な出費に対して私を叱りました。こういうわけで、父は私に会計士か経済学者になってほしいと思っていたのでした。

合理的人間

経済学のほとんどのモデルは合理的人間の思考パターンを基にしています。ミクロ経済学やゲーム理論の講義の初めには、いつも経済理論の世界への導入の儀式を執り行い、経済学における合理的人間像を学生に紹介します。この式典にふさわしい尊厳ある雰囲気を授けるため、高らかなファンファーレを鳴らしながら講義を始める必要があると学生に告げます。そして語り始めます。

さまざまな代替的な選択肢とそれによって起こりうる結果に対し、合理的人間は選好を持っています。選択を迫られたときに合理的人間は、

1．どんな選択肢があるかを確かめます
2．可能な選択肢それぞれについて、選んだ場合に導かれる結果を確認します
3．自分の選好に従って、置かれた状況下でありうるすべての選択肢から（1を参照）、最も好ましい結果をもたらす選択肢を選びます（2を参照）

これではあまりに抽象的なので説明をしたいと思います。経済学におけるモデルは、**意思決定者**と呼ばれる主体間のやりとりに関する物語以外のなにものでもありません。モデルでは、意思決定者は対処しなければならない意思決定問題に直面します。

たとえば、カタログから車を選んでいる買い手。市場にあるプランの中から生命保険の契約を選んでいる同僚。子どもを何人（これは非負の整数でなければなりません）もうけるのか、ある時点でこれ以上はもういらないと決めることで選択をしている夫婦。もし合理的人間を描くとしたら、2つの目、2つの耳、鼻と口をひとつずつ持つ人間として描写するでしょう。彼はたくさんのキーがあるキーボードの前に座っています。彼の手は広げられ、ひとつのキー、ただ

ひとつのキーを押さなければなりません。ひとつのキーを押すことである決まった結果に導かれるのです。

経済学のモデルでは意思決定問題は意思決定者がとりうる選択肢の集合として表現されます。そして意思決定者はその集合からただひとつの選択肢を選ぶことになります。意思決定問題を選択肢の集合として提示しますが、提示の方法は意思決定に影響を及ぼさないものと見なします。

たとえば、デフォルト選択肢が仮にあったとしても、決定に影響を及ぼさないと考えるのです。つまり、死後の臓器移植への同意の署名をするかどうかを検討している人の決定は、用紙の記入欄がチェックマーク済でそれを除くことができるのか、あるいは記入欄は空欄で、チェックマークを加えることで臓器移植の同意を示せるのか、に影響されないということです。これは、選択肢の集合が選択肢の抽象的な属性で表現されているのか、あるいは選択肢を具体的に示したものになっているのか、によって意思決定者の選択が変わらないことも意味します。たとえば、「世界で最も大きい国上位4つからひとつ選べ」という問題は、「アメリカ、中国、カナダ、ロシアからひとつ選べ」という問題と同一と見なされます。選択肢を掲示する順番も意思決定者の選択に影響がないと見なされます。つまり、「はい」と「いいえ」から選ぶことは、「いいえ」と「はい」から選ぶことと同じです。

こういったすべてのことは、選ぶべき選択肢の集合として意思決定問題を純粋に定義するが、表面には出てきません。もちろん、現実には、事前に定められた選択肢や選択肢の集合が示される方法、選択肢が意思決定者の意識にのぼる順番、といった要因がほとんどの人びとにとって現実の生活でものを選ぶ際に影響を持つかもしれません。しかし、**合理的人間**ならばそういった本質的でない要因は考慮にいれないものだということを想定し、したがってこういった要因は意思決定問題の定義から除外されるのです。よって、あたかもこうした方法で、経済学における意思決定者という表現には合理性という要素が盛り込まれているのです。

選択において他の意思決定者の影響を受けない独立した意思決定主体を考えます。一般的には単一の個人をさしますが、時に意思決定者は家族、委員会、営利団体といった複数の個人をまとめたものであることもあります。一方で、あるひとりの個人を、便宜的にモーセと呼びますが、2人の意思決定者に分割する場合があります。兄アロンに殴られた後のモーセをモーセ1、翌日気を落ち着かせたモーセをモーセ2とします。モーセ1とモーセ2は同一のID番号と遺伝子組成を持ちます。しかしモーセ1とモーセ2が考えることは完全に異なる場合があるだけでなく、いずれのモーセも、もう片方のモーセの行動を制御することはできません。

意思決定者を経済寓話に登場させる際、物語の中で生じうる意思決定問題のすべてに対応するうえで補助となる行動指針を意思決定者に与えておきます。複数の大学に応募している若者を例にとってみましょう。この場合、もし彼が2つ以上の大学に入学を許可されたらどの大学を選ぶのかという詳細、つまり優先順位が必要になります。3つの大学、エルサレム、テルアビブビブ、そしてハイファ、に応募するならば、すべての大学に許可された場合、あるいはエルサレムとテルアビブだけに許可された場合、あるいはテルアビブとハイファだけに許可された場合、あるいはエルサレムとハイファだけに許可された場合に彼がどうするのか説明できる必要があります。

別の例ですが、多くの経済モデルでは**消費者**と呼ばれる意思決定者を考えます。お小遣いを受け取った消費者は自分にとって価値のある製品を買うことができます。各製品には価格がついていますが、価格とは製品一単位を手に入れるために支払わなければならない貨幣で測った数字のことです。この消費者は予算をいろいろな製品にどのように配分するか決めなければなりません。完全にこの消費者を表現するには、あらゆる予算の額とあらゆる可能な価格構造の場合について、何を消費するのか（つまり、製品の組み合わせをどうするのか）説明できなければなりません。

選ばなければならない選択肢の集合に関する情報を受け取る機械として意思決定者を考えることは可能です。機械はこういった選択肢のひとつを結果として出力します。心理学者や脳科学者は、情報の処理をして決定に至る機械の構造に関心があります。伝統的に、機械が作用する技術的詳細に経済学者は、少なくとも経済学者としては、関心がありません。入力と出力、つまり決定問題と選ばれる行動の関係にだけ関心があります。

選好

ここで経済学のモデルにおける合理性の仮定の核心に至ります。合理的な意思決定者は心の中に結果のランキングを明確に持っています。このランキングを**選好**と呼びます。合理的意思決定者は意思決定問題に直面する際、自分の選好に従って最もよい結果を生み出す選択肢を選びます。

返金の権利を与えられた意思決定者を例にとってみましょう。金額は、意思決定者が返金をいつ受けるのかによって変わります。結果は「今からT日後にXドルを受け取る」という形式をとるとします。たとえば、意思決定者は返金が1日遅れることで1日につき3ドルを失うのに等しいと感じるとしましょう。そのような意思決定者は例として10日後に100ドル受け取ること（これは選好によればいますぐに70ドルを受け取ることに等しいです）を45日後に200ドル受け取る（これは選好によればいますぐに65ドルを受け取ることに等しいです）よりも好みます。一般的には、「今からT日後にXドルを受け取る」ことをX−3Tという式によって評価します。このルールによって意思決定者の選好は明瞭に規定されます。意思決定者の目的関数はX−3Tと表現されます。最良の選択肢を選ぶことは目的関数に最大値を与えるものを選んでいることを意味するのです。

経済学における合理性の仮定によれば、意思決定者は選好に従っています。しかしこの仮定によって選好の意味合いが制限されることはありません。選好というものは、一般的な感覚からすると意思決定者の利益として定義されうるものに真っ向から反していてもかまいません。この定義によれば、企業の利益を最小化する生産とマーケティングの戦略を選ぶ企業経営者は合理的です。被雇用者を名前の文字の数値的価値によって評価する（ヘブライ語でギマトリアとして知られているものです）雇用者は合理的です。他人の厚生だけを気にかける人は合理的です。「みんながそうしろと私に言ったから」とか「最初に思いついたから」とか「これは最良ではないけれど最良に近いから」といった理由で行動をする人や、不可能なことに一生懸命挑戦する人は、経済学で受け入れられている意味に従えばみな非合理的です。

人が合理的人間のパラダイムに従って行動しているかどうか、常に明らかというわけではありません。私の娘のミハルが一歳のとき、選択肢に一貫性を見せるかどうか私は調べたいと思いました。彼女が色を識別することを知っていました。部屋の床に私たちは転がっていました。私は彼女の前に緑、赤、青、の三色のブロックを置き、一色を選ぶように彼女に尋ねました。彼女は緑色のものを選びました。ブロックを別の順番に並べ直しました。すると彼女は赤い色のものを選びました。何回にも及ぶ反復の後でさえも、彼女の選択肢に一貫性が確かにあるとは言えませんでした。私はとても喜び彼女のことを非常に誇らしく思いました。こうして私の娘は合理性の基本的な仮定のほとんどを破ったのでした。選択肢の一貫性はわずかでした。しかしそのとき私の興奮は早計だったと気がつきました。私の娘は常に左端にある立体を選んでいました。言い換えると、彼女の選択肢は立体の色ではなく場所という観点から考えれば実に一貫性のあるものだったのです。

あたかも

最大化のために具体的な行動をとる過程を実際に経て意思決定が得られたのかどうか、伝統的な手法に従えば、経済学者は関心がありません。つまり、とある目的関数を最大化する選択肢を意思決定者が選んだのかどうかに関心がないということです。経済学者にとって唯一大事なことは、意思決定者の行動があたかも最大化を行ったかのように表現可能であるということです。

例として、S時間眠った後目覚めた労働者を見てみましょう。まず、労働者は睡眠時間を制御できないものとします。しかし、一日の残りの（24－S）時間を何時間仕事と余暇活動に費やすのか決めることができるものとします。労働の対価に時給Wを受け取るとします。この労働者はいつも起きている時間の半分を仕事に配分するとしましょう。そうすると（24－S）/2時間働き、同じ時間を余暇に費やします。最大化を何も行っているわけではありませんが、自分の中で規定されたルールに従って行動しているのです。おそらくそのルールの存在にも気づいていないでしょう。

明瞭なことですが、この労働者の行動は経済学の合理的人間のモデルには当てはまらないように見えます。それにもかかわらず、この労働者の行動はあたかも自身の持つ特定の目的関数を常に最大化する解を選んでいるかのように表現することができるのだとわかるでしょう。

労働者の結果は余暇の時間（L）とその日に稼ぐお金の合計（M）の組み合わせです。複数ありうる結末に対しての選好はある奇妙な基準に従って決められます。つまり、余暇の時間と稼いだお金の合計額を掛け合わせたものです。もしL時間の余暇を選ぶなら、（24－S－L）時間働き、（24－S－L）×W単位のお金を受け取ります。結果として関数L×（24－S－L）×Wを最大化する余暇の時間を選びます。高校の代数を使えば、この関数はL＝（24－S）/2で唯一の極大値をとることとわかります。したがって、L×Mという関数が最大値をとるように時間を配分する労働者は（SとWがどんな値であれ）起きている時間の半分を常に仕事に費やすのだとわかりました。この一風変わった関数を最大化して、この労働者の行動を説明しているかのようです。理性的な人が意識的に余暇の時間と賃金の合計額を掛け合わせたものを最大化するなど想像ができません。しかし経済学者にとって、意思決定者を合理的と見なすためには、意思決定者の行動があたかもある選好を最大化しているかのように表現できればそれで十分なのです。

学生のときに、経済理論のモデルでは意思決定者が意識的に選好を最大化しようとしていることを仮定しているわけではなく、意思決定者の行動があたかもなんらかの目的関数を最大化しているかのように表現できると見なしているに過ぎないと悟った瞬間を覚えています。「あたかも」という言葉はそのころの私にとって魔法でした。突然、経済学がそれまで考えていたよりもっと抽象的で洗練されたものに思えました。洗練されているがためにだまされる可能性もあるのだと気がつくまでさらに数年かかりました。

まず、経済学上の選好とは、意思決定者の行動を表現するための方便にすぎません。直前の段落で目覚めている時間の半分の時間を仕事に費やす労働者の行動を表現するためだけに、賃金と余暇時間を掛け合わせたものを関数として用いました。しかし、経済学者の多くは、個々人の厚生を定める基準が規定されねばならない政策的な問題に経済モデルを適用します。経済学者はしばしば行動を説明する選好によって個人の幸福の度合いを測ります。この考え方によれば、意思決定者が選択肢Bも選択可能なときにAを選んだならば、BよりもAが好まれていることを意味します。

しかし、まったく明らかでないことがあります。意思決定者の行動を表現するのに用いられた選好と幸福の度合いとの対応関係です。意思決定者の行動がなんらかの目的関数を最大化した結果として表現できるとしても、その目的そのものは意思決定者の幸福を増すことに関係ないかもしれません。たとえば、意図的に「誤った」目標を達成しようと努めることも可能です。

以下は、通常ではありえないものです。何が幸福かわかっている意思決定者が、首尾一貫して幸福を減じる行動をとるとします。このような人は経済学者から見れば明らかな目標を最大化しているという点で合理的と見なせます。つまり可能な限り自分の状況を悪化させるという点においてです。しかしこの人物の行動を表現する選好によって幸福というものを定めようとすると、まるで自分が不幸せになればなるほど幸せになることになります。これは具合のいいものではありません。

その昔、経済理論の隠された宝物を見つけてぞくぞくとしたころには魔法の言葉として感じましたが、あらためて述べると、「あたかも」という言葉はそれ以上のものです。意思決定者をなんらかの目的関数を最大化する者として描くだけでなく、自分の幸福を表す関数を最大化する者としてとらえることが、経済理論の前提にあります。「あたかも」という文句は、経済モデルが依って立つ強い仮定に対する責任を回避する方法なのだと最終的に悟りました。

私の職業生活はすべて合理的人間の定義をめぐるものです。合理的人間という、きちんと定義された目的を達成することを強く望む人。あるいは、理想的かつ可能なことを自問して、ありうる選択肢の中から最良のものを選ぶという思考過程の結果として行動が表現できるような人。学生のために執り行った導入の儀式の終わりに、現実の世界における合理的人間の取り扱い方について留意すべきことを付け加えます。合理的人間の定義を用いるからといって、すべての人が合理的人間の定義に矛盾することなく意思決定をしていると主張するわけではないと念を押すのです。経済学で受け入れられている定義では合理的な意思決定者はなんらかの関数を最大化することになりますが、それが必ずしも自分の幸福を最大化するものではないということも述べます。

しかしながら、明白な定式化による魔法と、意思決定者を具体的な関数を最大化する者として論理的に表現することに夢中になるあまり、こうした留意点は忘れられてしまうように思えます。合理的人間像は、自分の幸福を測るなんらかの関数を最大化する人として学生たちの心に残ってしまうでしょう。

見た目次第

合理性の仮定に反する実験は専門文献に溢れています。心理学者、哲学者、経済学者がそうした実験を行います。なかでも特筆すべきは、エイモス・トヴェルスキーとダニエル・カーネマン、およびその後継者たちです。経済的思考を信奉する者は怒り、合理的人間の「杓子定規な」思考様式を好まない者は喜んで受け入れます。

有名な例を紹介しましょう（本書の英語ウェブサイト上で、この例およびこの章の以降で扱われた状況を実験することができます。www.openbookpublishers.com/product.php/148）。

●質問1

疫病によって600人の命が危機にさらされている。2つの選択肢があるが、いずれか一方のプランを実行することしかできない。

プランAでは400人が亡くなることになる。

プランBでは1/3の確率でだれも亡くならないが、2/3の確率で600人が亡くなる。

いずれかのプランを選ばねばならない。どちらを選ぶか。

スタンフォードで大学病院の医者を無作為に2つのグループに分けました。ひとつめのグループの医者は上にある質問1に答えるよう求められました。

2つめのグループの医者は質問2に答えるよう求められました。

質問1では、プランAとBから選ぶ必要があるためジレンマが生じます。プランAは良くありません。というのも確実に400人もの人が亡くなるからです。プランBには成功した場合にだれも亡くならない可能性が（確率3分の1で）あります。しかし死者数が600人に達するという看過できないリスクもあります。

質問2において、プランCとDから選ぶ場合にもジレンマが生じます。プランDではすべての患者を救える可能性がありますが、600人全員が亡くなるかもしれないという看過できないリスクもあります。プランCはとくにそそられるものではありませんが、十分な数の患者を確実に救うことができます。

●質問2

疫病によって600人の命が危機にさらされている。2つの選択肢があるがいずれか一方のプランを実行することしかできない。

プランCでは、200人が救われる。

プランDでは1/3の確率で600人が救われるが、2/3の確率でだれも救われない。

いずれかのプランを選ばねばならない。どちらを選ぶか。

プランAとプランCは同じものだと気づいて驚く読者もいることでしょう。

400人が死亡する話は200人が救われる話と同一です。プランBとプランDも同一です。死者数が0というのは600人が救われることを意味し、死者数が600人というのは救われる人が0人であることに等しいからです。AとBから選ぶことは、CとDから選ぶ問題と同じです。したがってひとつめのグループでAを選んだ合理的意思決定者がもし仮に質問2に答えることになればCを選ぶことになるはずです。もし質問1でBを選んだのなら、質問2ではDを選ぶでしょう。AはCと同一であり、BがDと同一であるという事実はすでに指摘したとおり明らかです。しかし、2つの質問に順に答えるような場合においてすら、知的と言われる人でも両者が同一であることに気づかないことは多いのだということが明らかになりました。

質問1では、AとBから選ぶように尋ねられた医者の78%がプランBというリスクのある選択肢を選びました。質問2

においてCとDから選ぶことになった医者の72％が確実なプランであるCを選びました。

医者は無作為に2つのグループに分けられていました。大勢からなる人びとが2つのグループに分けられるうえで、ひとつめの質問に答えた医者の集団の特徴が2つめの質問に答えた集団の特徴と有意に異なるように運命の悪戯が働いたとは考えられません。したがって、スタンフォードの医者のおよそ78％は質問1を尋ねられるとBを選び、28％は質問2を尋ねられるとDを選ぶと結論づけることができます。データは被験者の22％がAとCを選び、28％がBとDを選ぶかもしれないという可能性を排除するものではありません。しかし、少なくとも半分の医者はAとBから選ぶよう尋ねられたらBを選び、CとDから選ぶよう尋ねられたらCを選ぶだろうということをデータは示唆しています。

実験に参加した医者の少なくとも半分は一貫性を欠いていることはすでに述べたとおりです。意思決定問題では、損失を伴う不確実な状況の場合と、利得を与えうる不確実な状況の場合で異なる思考判断をするのです。損失という観点から意思決定問題を見ると、たとえいったん引き起こされると悲劇の度合いが拡大するリスクを伴うとしても、惹かれるのは悲劇を防ぐ可能性を実際に残しているプランです。救援という観点から意思決定問題を考察すると、二種類の人命救助の医療行為からの選択と見なすので、確実なほうをとります。より多くの患者を救う可能性があるとはいえ、だれも救えないという甚大なリスクを伴うギャンブルをするよりも好ましいからです。

カーネマンとトヴェルスキーは通常の手法を用いて実験を行いました。すでに述べたように、回答者は無作為に2つのグループに分けられ、ひとつのグループは質問1に答えなければならず、もう一方のグループは質問2に答えなければなりません。この手法は同一の人物が順に両方の質問に答えるよう求められたら、2つめの質問への回答はひとつめの質問にたったいま答えたということによって影響されてしまうという懸念を解決するものです。とは言いつつも、同一の人に2つの質問を順番に尋ねた場合でも、2つの問いに対する答えは有意に一貫性のないものになることが明らかになっています。

2つの質問をネットにあげてゲーム理論の学生5000人以上に回答をお願いしました。なお、本書の英語ウェブサイトで読者も学生が答えた質問に類似したものを見ることができます。学生たちは先に挙げた順番で2つの質問を問われましたが、その2つの問いの間にはいくつものまったく異なる質問が挿入されていました。学生の72％は初めの質問で選択肢Bを選び、はるかに少ない49％の学生が2つめの問いでDを選びました。AとBの間の選択に関する結果は初めの実験と非常に似たものになりました。一方2つめの問いについてはDを選んだ回答者の割合は初めの実験では28％だったものからオンラインテストでは48％まで有意に増加しました。明らかに、2つの質問が続けて提示されると、両者の関係に気がつく学生もいて、初めの問いで行った選択と一貫性を維持するよう意識したようでした。それにもかかわらず、25％以上の学生がBとCを選んだのでした。

ベギンとラビン

1977年は人生で最も記憶に残る年のひとつでした。博士課程の一年生だった私は発見したばかりの数理モデルの世界に熱中していました。授業のひとつでは講師が私が構築したわかりやすいモデルに言及し、舞い上がる気持ちでした。広大な世界へと踏み出し、初めて両親の家を出て暮らしていました。私は「異なるシオニズム運動」を組織した多くの真剣な学生のひとりでした。イスラエル人の移住運動であるグーシュ・エムニムを見限る大政党を結成するための足がかりとして私たちは運動を捉えていました。一部の国家的な宗教団体によるメシア思想と過激な国粋主義に恐れを感じ、メナヘム・ベギン政権が公約どおり政権をとるとすぐに実行に移しはじめた移住政策にうんざりしていました。政治活動の興奮の中、エルサレムの夏に心地よく酔いしれ、昔ながらの住宅街ナハラオトで夜の幾時間かを議論に費やしました。

子どものころにすでにベギンのレトリックには触れていました。サッカーの試合には一度だけしか連れて行ってもらえませんでしたが、選挙の弁論にはなんども父に連れていかれました。エルサレムのメノーラ広場やミーシアリムの住宅街の入り口でベギンが社会主義的な政党マパイの統治に反対して情熱的に演説しているのを聴きました。父はベギンのことを笑いものにしつつも崇拝していたので、ベギンがユダヤ教の成人式バル・ミツバで客人に囲まれているところへ彼と握手するために私を連れて行きました。子どものころはレトリックのせいでベギンはまるで馬鹿な真似をしているのか道化をしているのかと思っていました。

15年経った1977年に大衆に熱狂的に支持されている彼を見て仰天しました。友人の多くがベギンのレトリックの技法に心酔し、かえって自分たちの運動はレトリックに欠けていると非難するのを見て何とも言いがたく、憤まんやるかたない思いになりました。私はと言えば、分別のある議論の威力を信じていたので、ベギンをロールモデルとは考えませんでした。

ベギンは使命を果たし、権利を尊重するという点から自身の意思決定を説明していました。「われわれはみな尽くさねばならない……しなければならないのだ……という義務も一方であり……」というように。冒頭では「確認しなければならないことがある……」と述べ、「われわれは何をなすべきなのであろうか」と尋ねるのです。1977年7月19日にカーター大統領と行った会談では、ベギンはレトリックをさらに極めていました。

大統領、あなたの国には聖書にゆかりのある都市が数多くあります。ヘブロンという名の場所は11、シャイローという名は5つ、ベツレヘムという名は7つあります。こういった土地のある州で、州知事がそのような都市にユダヤ人が住むことを禁止しているのが想像できますか。イスラエル政府もヘブロン、ベツレヘム、ベイトエルにユダヤ人が住むことを禁じることはできません。われわれの使命とは……

ベギンの議論は一般に「われわれの権利」と「われわれの義務」に根差していました。権利や義務について議論や反論を挟む余地があると考えることもできます。祖先は1977年にベイトエルに入植するようにわれわれに命令したのでしょうか。なぜ祖先の願いに私たちは縛られているのでしょうか。この「義務」に反するようなことを強制するものは他にないのでしょうか。しかしベギンのレトリックが支配する世界では、可能性を追求して望ましいものを見つける余地は残されていませんでした。好ましい行動というのは私たちの権利と義務から導き出されていました。さまざまな可能性を追求したうえで、私たちの世界観に従って最良となるものを導き出すのではありませんでした。

イツハク・ラビンは、ベギンとは対照的に、抑制のきいた話しぶりで、事実に基づき、地に足の着いた議論をする人でした。

1970年代後半のある朝ラビンのインタビューをラジオで聞いて安心感を覚えました。話し方は経済学で定義された合理的人間のようでした。可能なことと理想を見極め、綿密な思考をしたうえで結論を出していました。1992年に大勝利した選挙活動の間、ラビンは優先順位の概念を頻繁に用いました。従軍日記の中で彼は次のように述べています。「戦争という陰惨な確実性よりも不確実で危険な平和のほうが千倍好ましいものだと疑わない」。決断を下した後ですら、どの選択肢が可能なのか彼は自問しました。

行動を実行にうつすと決断した直後のことならばいつも覚えています。辛い心境です。ドアが閉まる音がします。そして静寂の中で孤独になるのです。指が引き金を引く直前の、フューズが燃え上がる直前の、尋常ではない緊張の瞬間。身のすくむような静かなその瞬間に、それでも独りで思案する時間があります。実行することは本当に死活的に重要なことだろうか。他の選択肢はないのだろうか。他の方法はどうか。

（1994年ノーベル平和賞の授賞式でのラビンのスピーチより）

ベギンとラビンの違いは当時のイスラエルにおける右派と左派のスローガンに見られたスタイルの違いにも対応していました。右派が主張した主だったスローガンは権利でしたが（「イスラエルの土地、そのすべてはわれわれのものだ」）、いかにも事実であるかのような言いぶりで（「ゴランは死活的に重要なイスラエル国家の一部だ」）そして、祈りを表明していました（「救世主よ、今こそ」）。一方で左派のスローガンの引用には選好と（「さらなる強国となるイスラエルには平和がより望ましい」）、需要（「平和を今こそ」）がありました。左派と右派のスローガンのスタイルの違いは時代が下るにつれてそれほど鮮明でなくなったように見受けられました。広報担当官と広報活動がつくる文化にイスラエルの政治のすべてが飲み込まれたからでしょう。

最後の分析として、ラビンの選好は本当にベギンの権利よりもよいものだったのでしょうか。私の考えでは答えは自明ではありません。

ベギンは何世代にもわたってイスラエルを入植事業に固執させ、不必要なレバノン戦争に踏み出しました。しかしまたエジプトとの歴史的な和平条約に署名しました。ラビンは第一次インティファーダの際にパレスチナのデモ隊を掃討するよう軍隊に命令し、第三次中東戦争ではイスラエル国防軍の参謀長としてシナイ半島に残留していたエジプト軍に対する非人道的な処遇の責任者でした。しかしオスロ合意に署名したことで歴史に確たる地位を築きました（そのために死ぬことになりました）。

年が経つにつれ、占領や占領された土地ということに関してはラビンよりもベギンのように考えている自分に気づきました。他人を支配することに対して私は無条件に反対していますが、イスラエル国家が成すべきことを目的として論理的思考をしたり、こういった目的に関して最良の結果を生み出す可能な政策を自問したりすることによって導かれたものではありません。たとえ占領することに経済的便益があって平和をもたらすものだとしても、占領者や抑圧者の側につくべきでないという絶対的義務を単に感じるのです。

にもかかわらず、ベギンに同情心は微塵も感じません。エジプトとの和平条約に署名したからといって、断続的に彼が短期のうつ病に悩まされていたという事実があるからといって、彼の扇動的な茶番に対する私の怒りを和らげることはありませんでした。子どものころに論理の本を使って揺るぎようのない議論で邪悪を看破する練習をしたときのように、いまだにレトリックを理解する方法を探し続け、扇動政治を打ち負かしたいと強く望み続けている自分がいるのです。

心の勘定

以下の例はカーネマンとトヴェルスキーによるものです。学生が2つのグループに分けられます。グループの一方が質問されます。

劇を観にいくことに決めたとする。20ドルのチケットを購入したが、到着する前にチケットを失くしたことに気づく。劇のためにもう1枚チケットを買うかどうか。

2つめの学生グループへの質問です。

劇を観にいくことに決めたとする。たどり着く前に20ドル札を失くしたことに気づく。劇のために20ドルのチケットを購入するかどうか。

合理性の原則に従うならば、回答者は2つの質問に同じように答えると考えられます。

つまり、意思決定者がチケットを失くしたか20ドル札を失くしたかにかかわらず、もしチケットを買って劇を観るのならば、所持金が前より40ドル少なくなるということになります。もしもう1枚チケットを買わないならば、はじめに持っていたよりも所持金は20ドル少なくなり、劇を諦めることになります。したがって、意思決定者がチケットを失っても20ドル札を失っても同一の選択問題に直面するのです。したがって、合理的人間ならば2つの場合に同じ決定をすると予想できます。

元の研究では、最初のチケットを失くした後で再購入すると言ったのは参加者のうちたったの46%でした。一方20ドル札を失った後でチケットを購入すると答えたのは88%でした。私のウェブサイトでは1500人の学生に無作為に2つのうちひとつの質問を出しましたが、結果はそこまではっきりしませんでした。しかし元の結果に似たものになりました。それぞれ64%と80%でした。

まとめましょう。事前に購入した20ドルのチケットを失くした後よりも20ドル札を失くした後のほうが意思決定者はチケットを買うことにこだわるのです。

ここで何が起きているのでしょうか。意思決定者は劇を観ることを含めたすべての出費としてチケットを購入する価格を評価します。最初のチケットを失くした後では意思決定者は名目的な価値ではなく追加のチケットの価格を40ドルで評価する傾向があります。20ドル札を失くした後では、その損失は劇のチケットを購入することに直接に関係ある事態として見なされず、新しいチケットの費用をただ20ドルとして計算します。この思考形式は心理会計と呼ばれます。チケットの費用の違いは心理的に計算されました。この違いから、実験の参加者にはある状況でチケットを購入する心づもりがあっても他の状況では心づもりのないことがあるとわかります。劇には20ドルを犠牲にする価値があっても40ドルの支払いはあまりに多すぎると考える人ならば、20ドル札を失くした後ならチケットを購入しチケットを失くした後ならば購入しないでしょう。

カーネマンとトヴェルスキーも、2つの質問が順番に提示された場合に一貫性を欠く回答をする参加者の割合が減ることを報告しています。ほとんどすべての参加者が初めのチケットを失くした後ではもう1枚のチケットを買わないことに固執します。しかし20ドル札を失くした後ならばチケットを購入するだろうということに気がついて「やられた」と悔しく思う人もいます。ある選択について悔しく思うことはその選択が合理的ではなかったという見方を裏づけます。

父が逝き

医者と研修医、看護師の一団が父の手術を終えた後、私は入室を許可されました。ぴかぴかに磨き上げられた部屋には最後の闘いの痕跡は何もありませんでした。病院の夜にありがちな青白い蛍光灯の光で部屋は照らされていました。父は意識のないまま広いベッドに横たわり、いくつもの管につながれていました。弱りゆく命のリズムに合わせて器具が上がったり下がったりしていました。医師のひとりが父の手を握ることが大事だと言いました。少しの間試してみましたが、何の反応も見られなかったので放しました。父の傍に座りました。スコーパス山の病院の窓から大地に広がるエルサレムを見やりました。白衣のボタンを2つ開けた看護師が父の静脈に刺された点滴を30分おきに取り換えにきていました。

私は深夜ごろに立ち去って帰宅しました。翌朝電話で起こされ、危篤だと知らされました。部屋に入ると、ただ白いついたてが目に入ってきました。明らかに父の亡骸が横たわるベッドを隠していました。医者は一言も言いませんでした。私が理解しただろうと思ってのことでした。彼はベッドに近寄りたいかどうか私に尋ねました。ためらうことなく、いいえと言いました。私の父はもはやそこにはいません。合理的人間として、私には亡くなった人の身体を見る理由はどこにもありませんでした。そしてそのときに、検死を行うことに私が反対するかどうか医者は穏やかに尋ねたのでした。

私が初めて検死の概念を知ったのは死の尊厳を守る会のポスターでした。エルサレムの北壁によく貼られていたのです。ポスターはハダッサ病院の「肉屋」による検死に抗議して公衆にハンガーストライキとデモへの参加を呼びかけるものでした。医者がかっさばいて、空っぽにして、縫った後の胃袋や脳のモノクロの写真をとりあげる広告も時にありました。私の父は、宗教を否定していたにもかかわらず、ユダヤの伝統に従っているところがありました。父が神を畏れたのかどうか、失われた世界に哀愁を感じていたのかどうか私は知りません。まして父が検死についてどう考えていたかなど知りません。私たちがあえて死について話すことなどまったくありませんでした。

医師が私の同意を求めたとき、私は自分が合理的人間であること、そして処置は父の遺体になされるのであって父そのものになされるのではないということを再確認しました。そこに横たわる肉の塊はせいぜい亡き父が宿っていた入れ物に過ぎないのです。解剖されようとしている身体はもはや父ではないのです。したがって私が科学の発展にどうして反対すべきでしょうか。死体に処置をしなければ医師の技術力は落ち、医療知識は豊かになりません。もし私が検死に同意しなければ、未来の患者の死に対する責任が心にのしかかるでしょう。

ユダヤ人のお祝いのお祭りプリムの前の金曜日の明け方でした。スコーパス山はいつも私にとって夢の象徴でした。気が張るときには、ずっと親しまれているエルサレムの賛歌「スコーパス山の上から」をいまでも口ずさみます。私の姉は建国前の時代にスコーパス山で生まれました。イギリスが委任統治をしている間父はそこで職員として働いていました。私が生まれる前に家族はスコーパス山から切り離されました。母に手をつながれて夕方にエズラ通りを歩くときには、スコーパス山の木々や灰色の建物を見つめたものでした。まるでおとぎの花園へ誘うかのようでした。しかし花園の門は、かの東西エルサレム分断の象徴マンデルバウム門であり、いつも閉ざされていました。時には警察のママンが通りの向いの家の三階のバルコニーから、一カ月に二度丘を越えていく護送車を双眼鏡でせわしげに追っていました。それは国境を越えたと告げるまで続きました。その後は通りにサーッと安堵の感が広がったものでした。私は大学の一年目をスコーパス山で学んで過ごしました。後に、私の2人の子どもは父が亡くなったのと同じ建物で生まれることになります。さて、そのプリムの前の金曜日、私は合理性の限界について考えていました。

私が検死のための書面にただちに署名することは法律によってできず、許諾の署名は死亡が通知されてから6時間後でなければならないと医者は説明しました。論理的で人間味のある法律だと感心しました。しかし先延ばしにすることは不可能でした。ユダヤ教の金曜夕方の安息日の前に検死を終える必要がありました。金曜日なのであまり時間がありません。

私は自分を抑制し感情を露わにしませんでした。私はただ尋ねました。しかし医者に投げかけた質問には恐怖心が表れていました。検死の結果としてだれかの命を救うことは可能なのかと。ためらうこともなく医者は肯定しました。検死は医師や学生が父の心臓病を理解するのに役立ち、将来類似の患者を処置する際にも役立つかもしれないと説明しました。医者は感じのよい顔立ちをしていて、頭にユダヤ教の帽子ヤルムルカをのせていました。そのとき、そのヤルムルカは彼が嘘をついていないことを保証しているように思えました。

6時間後、必要な書面に署名するため病院に急いで戻りました。署名の前に検死は病気にかかった部位だけ扱うことを約束するように求めました。医者は私の対応に満足げで私の要求は守られると約束しました。

日曜日の午後、父の知り合いや友人がエルサレム北方のサンヘドリアに近い葬儀場に大勢集まりました。エルサレムの葬儀協会は当時評判が悪かったのですが、肩幅の厚い熊のような埋葬人たちが喪に服した人びとに示す礼節と思いやりは印象深いものでした。習慣として、遺体を識別するために埋葬人と共にいるよう私は頼まれました。そのときには遺体は洗われて白布で覆われ、埋葬の支度がされていました。

埋葬人のひとりが陰鬱な口調で検死に同意したのかと尋ねました。私はためらいがちにうなずきましたが、悪事の現場を押さえられたかのようでした。処置は父の病気に関連した身体の部位のみにだけ認めたのだと震える声で言いました。疑いの目を埋葬人たちは私にちらりと向けました。ゆっくりと彼らは頭蓋から巻き布をはがしていきました。生まれて初めて私は亡くなった人の顔を見ました。父の大きな顔と入れ歯のない口元が目に入りましたが、病院にいたときよりも縮んでしまったように見えました。そしてやっと頭蓋骨が切開され縫われているのが目に入ってきました。まるで医師たちが空っぽにしてしまったかのようでした。それから、質問をした埋葬人が白布で再び頭を覆いました。

見てのとおり、みすみすだまされてしまいました。その後、父の遺言を叶えることも私は怠りました。遺言は、シーバと呼ばれる喪に服す一週間あまりの期間、私が鎮魂の祈りとしてカディッシュを唱えることでした。午後の礼拝ミンハのために一度だけシナゴーグに行きましたが、場違いな感じがしたので二度と行きませんでした。父は亡くなりました。そして合理的人間には死者の願いを尊重するいわれはありません。にもかかわらず、なぜ父の脳が切られたことによって私は苛まれるのでしょうか。なぜ約束を破ったあの医者を私は許せないのでしょうか。なぜ私は父の遺言を叶えなかったのでしょうか。そして一体なぜ私はこうして苛まれているのでしょうか。

理由を求めて

ある実験において、トヴェルスキーとサイモンソンは人々を2つのグループに分け、選択肢の中からひとつを選ぶように尋ねました。ひとつめのグループに与えられた選択肢は6ドルの現金か、高品質のペンです。36％の人がペンを選びました。2つめのグループには3つの選択肢の中から選ぶように尋ねました。現金6ドルか、先ほどと同じ高品質のペン、または高品質のペンには明らかに劣る単なるペンでした。高品質のペンを選ぶ人の割合は46％に上昇しました。

どうやったらこの発見を説明できるでしょうか。

ペンにまったく関心のない人もなかにはいたと考えられます。そういった人たちは2つの質問のどちらに対しても現金を選びました。ペンを必要とする人も確かにいるようで、そういった人たちはいずれにせよ高品質のペンを選びました。しかし高品質のペンと現金のいずれを選ぶかはっきりしない人もいます。単なるペンという選択肢がひとつ加わることで、この逡巡を解決し、高品質のペンを選ぶ「もっともな理由」が与えられることになるのです。高品質のペンは明らかに単なるペンより好ましい一方、6ドルが単なるペンより好ましいかどうかははっきりとしません。

本書の英語ウェブサイトでペンを配ることはできません（そうしたいとも思いませんが）。そこで、類似の質問ですが仮想的なものを2つ掲載しています。ウェブサイトにアクセスすると、半数は以下の質問を出題されます。

旅行の計画をたてているとする。そしてデジタルカメラを買おうとしている。お店では同一のメーカーから3種類のモデルが売り出されていた。仕様と値段はいずれもほとんど同じである。唯一の違いは専門誌による評価点とピクセル数である。
モデルAは評価点が9・1点で6メガピクセルである。
モデルBは評価点が8・3点で8メガピクセルである。

モデルCは評価点が8・1点で7メガピクセルである。

どのモデルをあなたは選ぶか？

残りの半数は同様の質問を出題されますが、モデルAとモデルBの二択から選択しなければならない点が異なります。

右の2つの質問をこの本の出版に先だって1500人以上の学生に答えてもらいました。結果は次のようでした。モデルA、B、Cから選ぶと、65％がBを選び、Cを選んだのはたったの1％でした。実際の価格を与えられていませんが、それでも実験の参加者がどのように評価を下したかをこのことは示しています。AとBだけから選んだ人々のうちBを選んだ人は53％と低くなりました。

似たような別の事例があります。今回はシャフィール、サイモンソン、トヴェルスキーによるものです。もちろん仮想的ですが170ドルのカメラAと、それよりもう少し高性能で240ドルのカメラBのいずれかを選ぶようあるグループの一人ひとりに求めました。この最初のグループではBを選んだ人の割合はほんの少しでした。次のグループには3つめの選択肢Cがありました。これはBよりもさらに高性能で470ドルでした。そうすると非常に高価なカメラを加えることでBを選ぶ人の割合は（いくぶんか）増えました。高価なカメラCを加えることでBはAとCの間をとる選択肢となったというのが、このような変化に対する納得のいく説明のひとつです。心理的に選択肢を線形に並べると、選択肢が中心に位置するということが選ぶ理由となるのです。

人には真ん中にある選択肢を選ぶという傾向があるということを証明するためにわざわざ実験を行う必要性があったのでしょうか。これはマーケティングに携わる人だけでなく、私の息子のユヴァルにとっても当たり前のことです。幼いとき彼は、自分のお気に入りのファーストフードのチェーン店がミドルサイズとラージサイズに加えてエキストラ・ラージサイズのカップをドリンクメニューに加えるのは、ラージサイズを選ぶように勧める狙いのある仕組みなのだと私に言いました。この論理に従うならば選挙で右寄りと左寄りの候補者が争うときに極端な右派の候補者が加わると右寄りの候補者にとって有利になるということが導かれるはずです。しかし政治の実態を見れば常にそうなるわけではないことがわかります。極端な右派の候補者が加わることは往々にして穏健な右派勢力の離反を生じます。

意思決定者によるこういった非合理的な思い込みがいつも決定的な役割をしていると論じる人はだれもいません。以上の例はどれも、意思決定に影響しうる思い込みのあることを示すに過ぎず、合理性の仮定に反する例だということです。こういった思い込みがどのようなときに意思決定で生じるのかを理解したり、なにが他の思い込みに対する重みづけを決めるのかを理解したりする前に調べるべきことはたくさんあります。

言い回しに、死者が墓の中で寝返りを打っている（いまごろ天国で驚いているよ）とか、亡き祖母が今の私を見たらきっと喜ぶだろう、とか、ご先祖が安息日を守ったから自分も安息日を守るのだ、といったものがあります。夢に近ごろ亡くなった親戚が現れ、思いもよらなかったことを命じることもあります。

亡くなった人がどこかにいて、同じように天上に召されるまで私たちを見守っていると信じている人にとって、これらの合理性を正当化することは比較的容易でしょう。しかし死者の魂や霊はどこにもただよっていないと信じる者として、生者の世界で起きることに影響を及ぼそうとして死者の王国を利用することを私はあまりよしとしません。

母ならばなんと言っただろうか

ユダヤ暦の新年であるロッシュ・ハッシャナのある朝、遠く離れたプリンストンで、姉がエルサレムの病院に担ぎ込まれたと私は知らされました。新年の休日の終わりにイスラエルに向かう途上、最悪の事態も想定していました。病棟の入り口で面会した医者が彼女の容態を詳細に説明してくれました。生まれつきの「欠陥」が脳の動脈の壁に見つかったこと、いままでは身体に異変もなく対策をしていなかったこと、などでした。動脈の壁があまりに薄く、年齢のために血圧に耐えられなくなったのでした。壁は風船のように膨らみ、爆発したようです。血液が漏れ出し、おそらく近接する脳の細胞を損傷させました。90%の確率で、と医者は言いましたが、最初の出血のために再び命にかかわる出血が生じるとのことでした。

解決手段は、危険な手術をすることでした。とはいえ手術の説明を聞くと、まるでよくある水道管工事のようでした。こうして、医者は私の人生で最も難しい決断を迫ったのでした。手術はエルサレムで行うこともできますが、外科医はこの手の経験が少ないということでした。

姉をアメリカの医療機関に搬送させれば、この種の外科手術に最も経験のある医師がいるということでした。アメリカで手術を行えば、取り返しのつかない損傷が手術中に生じるリスクを小さくできます。一方で、それは私がそれまでに経験しえなかったほどに途方もなく困難なものとなりそうでした。私は、イスラエルで姉に望ましい施術環境を与えないことになるのを心配しました。同時に異国で結局たいした経験のない外科医に手術されるかもしれないという可能性に対して一抹の不安も感じていました。医師から納得できる提案を得ることは不可能でした。

この事態は、イスラエルの脳神経外科医の団体がとある有名人によって激しく非難された後に起こりました。その有名人は海外に脳手術のために渡航し、イスラエルの脳神経外科医の専門能力が見劣りすると文句をつけたのでした。病院の医師たちは控えめで、自分たちの提案に自信がないようでした。私が午前2時に訪ねた友人たちの助言はまったくばらばらでした。

モデルの中で論じる不確実性下の意思決定問題にこんなにも類似した現実のジレンマに私が直面することはそれまでほとんどありませんでした。選択肢は明らかでした。イスラエルで手術をするか、アメリカで手術をするか、手術をしない、というものでした。最後の選択肢は明らかに他の2つの選択肢より良くありません。いずれも結果は偶然の産物でサイコロは神様の手の中にありました。相談したり、調べたり、議論を比較する時間はありました。しかし私ひとりで下さねばならない決断でした。私は大人です。そして意思決定理論に関しては論文すら何本か書いていました。もし意思決定理論が現実になんらかの意味を持つのなら、そのときこそ力を発揮すべきときでした。

私はベッドに横たわり、息苦しさを覚えていました。感じている緊張と極度の不安の証でした。私は決断できませんでした。納得できる理由が必要でした。そして、私は納得のいく理由を見つけました。「母ならば生きていればなんと言っただろうか」と。母は数カ月前に亡くなっていましたし、亡くなる前ですら現実に決断を下す能力を失っていたにもかかわらず、自問しました。「姉は母のものだ。姉の運命を決めるのは母の役目だ。彼女が決断するだろう」。すべてが明瞭になり、ジレンマは解決されました。姉の手術が彼女の生まれた場所、そして生活している街で行われることを母が選ぶことは明らかでした。決定はなされました。

因果関係を理解しない

さて、キーボードの前に座り、キーを打つことがもたらす結果をすべて知っている意思決定者の話に戻りましょう。Aのキーを打てば1ドルを受け取ることになり、Bのキーを打てば2ドルを受け取ることになるとわれわれも意思決定者も知っているとしましょう。意思決定者はできるだけ多くのお金を受け取ることに関心があるとします。意思決定者自身がそう言っていますし、毎回1ドルと2ドルがそれぞれ入った2つの封筒を与えると、大きい金額の封筒を選ぶからです。

日常生活でも、または経済学でも、意思決定者はキーと結果との関係を理解し、Bのキーを押すだろうということが合理性から導かれます。より抽象的に述べましょう。ある行動と結果の間に因果関係があるとします。このとき意思決定者がその因果関係を知ったうえで間違いなくより望ましい結果を生む行動を選ぶということが合理性の仮定から導かれます。

しかし人間は間違います。間違い方にも傾向があります。トヴェルスキーとカーネマンによる別の例があります。

ここに6面のサイコロがひとつある。4つの面が緑色（G）で2つが赤色（R）である。GとRからなる3つの文字列からひとつを選べ。サイコロは20回振られる。もし選んだ文字列が一連の結果に含まれていれば25ドルを受け取ることができるとする。

3つの文字列は以下のものである。

1. RGRRR
2. GRGRRR
3. GRRRRR

あなたはどれを選ぶか。

3つの文字列のうちどれを選んだとしてもなんらかの結果を得ることになります。経済学の用語ではクジと呼ばれます。もしサイコロを振った結果の中に選んだ文字列があれば意思決定者は賞金を受け取ります。もし文字列が現れなければなにも受け取ることはできません。賞金を得る確率がより高いクジだからという理由で、意思決定者があるクジを他のクジより好むだろうと想定することはもっともなことです。

二番目の文字列（GRGRRR）には一番目の文字列（RGRRR）が含まれていることがわかります。サイコロの目の組み合わせのうち、二番目の文字列を選んだ人に賞金が与えられるようなときには一番目の文字列を選んだ人にも賞金が与えられるのです。さらに、文字列の

ＲＲＧＲＲＲというのは一番目の文字列の先頭にＲを加えたものです。つまり一番目の文字列を選んだ人が賞金を手に入れられるのに、二番目の文字列を選んだ人が賞金を手に入れられない目の組み合わせがあります。したがって確率を計算しなくてもひとつめの選択肢が２つめの選択肢よりも高い勝率をもたらすと判断できます。

にもかかわらず、トヴェルスキーとカーネマンによる実験に参加した１２５人の学生のうち圧倒的多数（65％）が二番目の文字列（ＧＲＧＲＲＲ）を選びました。同様の結果は本書の英語ウェブサイトで（現実の報酬の受け取りのない）質問に答えてもらった２０００人の学生の間でも見られました。59％が二番目の文字列を選びました。大した問題ではありませんが、三番目の文字列（ＧＲＲＲＲＲ）を選んだのはたった４％でした。この文字列は見るからに二番目の文字列よりも起こりにくいからです。

すでに述べたように、合理的な意思決定者は自分の選択肢とそれから導かれる結果の間の因果関係を理解していなければなりません。さらに自分にとって好ましい結果を生む行動を選ぶと考えられています。この仮定は右記の実験のように時に間違いを犯すことによって破られます。明らかにほとんどの回答者は文字列を選ぶことと勝率の間の関係を誤って理解しています。ＧＲＧＲＲＲの文字列を選ぶことがＲＧＲＲＲの文字列を選ぶことよりも低い勝率を意味するのだと理解していません。

この理由は確率と文字列の中のＧＲの割合が混同されることに起因しています。サイコロの目の全体でGという結果の出る確率が3分の2になります。すると文字列RGRRRでは全体の5分の1がGなので、全体の3分の1をGが占める文字列GRGRRよりも起こりにくいと感じられるのです。しかしサイコロの目の組み合わせの中に文字列RGRRRを見つける確率は文字列GRGRRを見つける確率よりも常に高いのです。

選択肢と結果の関係に気づかないのは間違いだけのせいではありません。たとえそんなことができないとわかりきっているときでも、行動と結果の関係に影響を与えられると感じることも原因のひとつです。

あなたが学生だとしましょう。先生はおしなべて発言どおりに行動する人です。その先生が明日暗記テストをすると予告します。まったく読んだことのない教科書から出題されますが、あなたは高得点を得たいと思っています。もしあなたが対策をするならば、好きな余暇活動をあきらめなければなりませんがテストでの成功を確実なものにできます。もし対策をしなければ望むままに過ごすことができますが、テストでは失敗するでしょう。

自分の行動と結果の間の関係ははっきりしています。合理的な人間として、試験対策をすることで逃す楽しみと成功の喜びを一方に、他方に余暇活動から得られる喜びと試験で失敗する不快感を天秤にかけます。

しかし、過去に不思議な事態が起こったことに気づいているとしましょう。おまじないを繰り返したときには試験が行われませんでした。もしあなたが魔法を使うことを選んで試験対策をしなければ、いくら自分が信じる枠組みの中で最良の行動をとり、行動と結果の間の関係に影響を与えようと試みているとはいえ、非合理的であるという定義にあてはまることになるでしょう。ただし、私が非合理的とレッテルを貼るのはあなたにだけではないということもすぐおわかりになるでしょう……。

おまじない

高校時代、私の成績は良かったのですが、それは興味のある教科に限ったことでした。それは数学とユダヤ法と公民でした。だれよりも早く教室に行ったものでしたが、それは寝そべって最初の学生が来るのを待ち、文学、歴史、化学そして生物といった興味のない教科全部の宿題を写させてもらうためでした。代わりに数学の宿題は私がこなしました。学校では抜き打ち試験がたくさんありました。先生は教室に入るなり、いまだに私を少し不安な気持ちにさせる決まり文句を告げるのでした。「テストの答案用紙を取り出しなさい」。

試験問題の答えを知らないことがよくあったので、目の前に座っている友人のユヴァルの広い背中に隠れて近くの解答を写すことに長けるようになりました。緊張と不安の瞬間、先生が教室に入ってくるときに、私は驚くべき相関を見つけました。いつも、本当にいつでも、先生が教室にまさに入ろうというときに私が「試験があるぞ、試験があるぞ」とつぶやくと試験はないのでした。試験はすべて私がこのおまじないをつぶやき忘れた日に行われるのでした。

このようにして世界の出来事を操る力を私は見つけたのでした。「この悪いことはきっと起こるぞ」と自分に言い聞かせるときには、現実にはそんなことが起こらないのです。

ちょうど昨日私は大学の職員証を失くしました。失くしたことで、とてつもない感情の爆発が私の中で燃え上がりました。職員証は再発行できます。最悪の場合でも、やるべきことは、手続きを確認し、紛失を届け出て、電話をかけてオフィスの時間帯を調べ、新しい職員証が発行されるまで列に並ぶ……それで全部です。実際、そんなにひどいことではありません。それにもかかわらず、私は並大抵でないほどいきり立っていました。何度も何度も財布の中を見ました。どこもかしこも探しましたが見つかりません。職員証はひょっとして服を着替えているときにポケットから落ちたのではないかと思い、自宅に見に戻りました。ありません。床の上にも、ベッドの上にも、ベッドの下にもありません。まったくどこにも職員証はありませんでした。もう一回だけ、念のために財布の中に隠れていないか最後の最後に調べることにしました。ところが最終調査を始める前に私は独り言で「職員証を失くしてしまった、職員証を失くしてしまった」とつぶやきました。私は再び財布の中をやたらに探しはじめました、すると……そこに職員証はありました。財布の中のポケットのひとつ、クレジットカードの後ろに押し込まれていたのでした。

私は神に祈ったことがありません。別世界から来た生き物と話したこともありません。私がしたことといえば自分が行ったことと起きたことの間の関係に気づいたことですが、まるで魔法のように何度も何度もその連関は証明されています。合理的な人間として、この不思議な事態の説明を探す気持ちは強く、興味は尽きません。私のおまじないが成功したのは、私の恐れる事態がどういっても現実に起こりそうにないときを選んで私が使ったためだということも、もちろん疑っています。私の中の合理的人間が抗議します、「なぜ私はこの不思議なことを打ち消すべきなのか」。要するに、私はストレスのたまる状況で自分自身を守る効果的な術を見つけたわけです。もしくは、私は自分の合理性の限界に到達しただけかもしれません。

実験

ほとんどの経済モデルでは、主人公は合理的な意思決定者です。伝統的な経済学の見方、少なくとも教科書における圧倒的な見方では、意思決定者の合理性を仮定することで人間の行動を非常に正確に表現できるとされています。ところが、膨大な数の実験の結果がこの見方に矛盾しています。これらの実験は経済学と、主に認知心理学で行われています。

合理的人間のモデルと整合性のない結果への反応には疑わしいものがあります（時にもっとも

なものもありますが)。合理的人間というパラダイムと対立する結果に対する経済学者の態度で似ているのは、錯視に対する自然な反応です。この世に対する認識と合致しないような虚像を無意識の仕組みが作りだしてしまうのが錯視です。いずれの場合も、直面するとまず苦笑いし、落ち着かなげにだれかがだまそうとしているのではないかと疑い、自然があまねく仕掛けた罠にはどんな完璧な人でも引っかかることを明らかにしようとします。そして説明を探るのです。

意思決定に関する実験に対して批判もあります。参加者には十分なインセンティブが与えられていないというのです。人生における大事な決定は数ドルをどうするかといったことよりもはるかに重要な利害にかかわることなので、取るに足りないお金を得る機会を与えたときの行動様式を見たところで、巨額の意思決定に直面したときに人々がどうするのかを推し量ることはできないという批判です。私はこの批判に賛成しません。

まず、人生を左右するような意思決定だけが大事なわけではありません。生きていれば、いくつもの些細な意思決定をします。こうした決定が集積して及ぼす経済的影響は見逃せないものです。次の点として、巨額の意思決定のほとんどは、そういった意思決定を日常的に行う人によって下されます。生活の中の些細な意思決定といえども、裕福で権力のある人々にとって巨額の意思決定が重要であるように大切なものです。たとえば企業の経営幹部が数百万ドルの案件を決定するときに、ふつうの人びとが数ドルの意思決定について考えるときとは異なる考え方をしていると考える理由はないと私は思うのです。

前節までに取り上げた実験の多くでは、参加者に意思決定問題をただ想像して回答するようにお願いしていました。参加者は選択の結果に関連した報酬を（象徴的なものを含めて）受け取ることはありませんでした。私の考えでは、参加者に対する物質的な報酬というのは実験ではまったく不必要だと思います。人は仮想的な状況を想像することに非常に長けています。まったく物質的なインセンティブのない実験の結果も、物質的なインセンティブを与えられた実験の結果と酷似しています。つまり、インセンティブを与えても、意思決定における思考様式を判別するうえではなんらの効果もありません。

研究結果を統計的検定で吟味するのがお決まりです。しかし、うまくいったところで、データから誤った結論を導く可能性の有無を評価する試みにすぎません。例として、スタンフォード大学の医師を対象とした疾病の問題に戻ってみましょう。

元の実験では、152人の医師が質問1に回答し、109人（78％）がAを選びました。155人の医師が表現を変えた同じ内容の質問2に回答し、たった34人（28％）がCを選びました。先ほどは、このような結果から、表現の違いが回答に影響を与えたのだと結論づけました。合理性の基準は単純で、一問目にAを選び、二問目にCを選んだ人、あるいは、一問目にBを選び、二問目にDを選んだ人でした。被験者の大多数は非合理的であると結論しました。

しかしもしかするとこの結論は誤っており、一問目にAを選んだ人と二問目にCを選んだ人の割合の違いは純粋に偶然の所作と考えられるのではないでしょうか。スタンフォード大学の医師はみな合理的で、より確実なプラン（AまたはC）を好む人もいれば、リスクのあるプラン（BまたはD）を好む人もおり、単なる偶然で、医師が2つのグループに分けられたときに、Aを好む（もちろん同様にCを好む）医師の多くが質問1を回答するグループに入り、Bを好む（もちろん同様にDを好む）医師が質問2を回答するグループにたまたま入ったかもしれません。

実験の結果は、単なる偶然によるものでしょうか。統計的検定は、その仮定が棄却されるか否かを調べるように設計されています。まず、307人の医師全員は、みな2つの質問に合理的に回答すると仮定します。すなわち143人はBよりもAを（同様にDよりもCを）好み、残りの164人はAよりもBを（同様にCよりもDを）好むとします。統計的検定が依拠しているのは、無作為の要因が働くという仮定です。

ここで用いる検定（フィッシャーの正確確率検定）では、307人の参加者は無作為に2つのグループに分けられたと仮定します。質問1に回答する152人のグループと質問2に回答する155人のグループです。検定では、307人を152人と155人の2つのグループに分けるとき、起こりうるどんな分け方も同じ確率で生じると仮定します。つまり、無作為に分けることによってA（すなわちC）を好む人のうち少なくとも109人がたまたまひとつめのグループに入ってしまうような偏った分布が生じる確率を計算するのです。

統計プログラムはこういった計算にとても役立ち、以上のような事態が起こる確率は非常に

（まったくもって非常に）ゼロに近いということがわかります。確率があまりにゼロに近いので、合理性の仮説を棄却することになります。実を言えば、合理性の仮説を棄却するためにこのように極端な実験結果を得る必要はありません。よく用いられる基準に照らし合わせると、Cを選ぶ人の割合が78％から（実際に起きたように28％ではなく）72％に下落しただけでも、有意に棄却できます。

この章でこれまで統計的検定について述べることはまったくありませんでした。実験結果は十分に明白です。そういった余計なことをしたところで、専門的な報告書にありがちな慎重を期す態度に媚を売ることにしかなりません。実を言えば、たとえばカーネマンとトヴェルスキーも疫病の問題で確認された結果を調べるために、わざわざ統計的検定を行うような（あるいは少なくともそれを報告するような）手間をとっていません。

一般に、統計的に有意であるという概念を機械的に用いることは危険です。この概念を用いる際の論理は重要な仮定の下に成立しています、しかし仮定は無視されるか、調べるべきなのに当然成立すると思い込まれているかのいずれかになりがちです。研究者や新聞の読者というのは仕分けをすることが大好きで、仕分けの背後に何があるか自問することはめったにありません。

たとえば、経済学でありがちな有意性に関する検定は、計測誤差や書類作成上のミス、分析や報告上のミスといった結果の信憑性に大きく影響しうる要因を完全に無視しています。そして、もちろん、研究者にも利害や思い込みがあります。すなわち意識的にせよ無意識的にせよ、報告結果が利害や思い込みに影響を受けることもありえます。研究者の信憑性に関する不確実性のほうが統計的検定を行ううえで考慮される不確実性よりもはるかに影響が大きいと私は思います。したがって、標本が少なく有意とは見なせない結果であっても、2人の異なる研究者によって行われた2つの実験があるならば、ひとりの研究者による標本数が2倍でかつ有意と見なせる一回の実験よりも私はより多くの示唆を受けます。

実験をする必要性は一体あるのか

研究者の中には、浮世離れせず、意思決定問題に直面した人間の心の動きを推し量ることができる者がいます。実験はそういった研究者の熱意とやる気から生まれます。

失くした劇のチケットの問題を考察した人ならばだれでも1枚目のチケットを失くした後でもう1枚チケットを買うことに抵抗感を覚えることがはっきりわかります。失くしたことでより高価な買い物だと思うからです。もう1枚チケットを購入するかどうか悩む際に、参加者の中にはこの問題が決断しにくいものと感じる人もいれば、40ドルを支払うわけではなくただ20ドルを支払う問題だと当然のように考える人もいることを研究者は理解しています。実験結果は定性的ですが、20ドル札を失くした後よりも1枚目のチケットを失くした後のほうが紛失したものの価値をチケットの費用に含める人が多いだろうという仮定を支持しています。

どんな場合でも定量的な結果はとても限られた重要性しか持ちえません。参加者の標本結果はある特定の大学の心理学や経済学、ＭＢＡの学生のグループを代表しているに過ぎないからです。定性的な結果は実験前にあらかじめ常識でわかる程度の示唆になるのがふつうです。だとすればなぜ実験をする必要があるのでしょうか。哲学では当たり前だというのに、研究者の自己申告で満足することがどうしてできないのでしょうか。

何年もの間、経済学における実験というのは研究費の無駄遣い以外のなにものでもないと私は思っていました。いまだに定量的結果に強い関心を見出すことはなく、ある発想が納得のいくものかどうかを検証する最も信頼に足る方法は常識だと信じています。

しかし実験に対する尊敬の念も抱くようになりました。ある思考過程を連続して描写する一連の質問を構成することをそれはそれで芸術的なことだと認識するようになったためです。加えて、常識がときに豊富な経験を持った人ですらだますことがあると理解するようになったためです。

最近は、私自身も実験を行うという罪を犯しています。結果が届きはじめ、仮説が証明済みの事実となると、魅了され興奮します。あるいは「何かおかしなことが起きてしまった」ことが明らかなときには失望が胸の内に広がります。私は競馬で賭けたことはありませんが、想像するに、実験結果が明らかになるときの研究者の感情はトラックの周りを馬が駆けているときのギャンブラーの気持ちと似たものがあります。実を言うと、研究者がとっているリスクは専門のギャンブラーがとっているリスクに勝るとも劣らないものです。賭けられているのは、研究者の名誉、満足、昇進、そして研究者に与えられる金銭的な報酬です。

自分で実験を行ったことにより経済学の実験の結果の信憑性を疑うようになりました。経済学者は相場師ではありませんが、だれしもが間違いを犯すように、おおよその場合は意図せずして自己の利益を追求する傾向があります。経済学者は結果が自分の仮説を確かめるものであることを望んでいます。研究者自身は、自分は正しく、実験は単に自分が知っていることを確かめるために行うと確信しています。注意や慎重論は人智を深めるうえで不必要な障害だと見なします。

私自身も、最初の段階で結果が好ましいものであると、実験をさらに拡張するのを避けたいという気持ちが強くなります。または、正しいと私が「知っていた」仮説を支持しない場合には結果を何度も調べずにはいられないのです。結論が他の研究者によって否定された場合に辱めを覚える恐怖というのは経済学においてはほとんど存在していません。データを調べて実験を繰り返すという伝統がないからです。

経済学的な世界観に従えばおかしなことです。人というのはインセンティブ、根本的には物質的なインセンティブに反応する主体です。経済学者は、金銭や栄誉を高く評価し、道徳的価値には低い評価を与えるような目的を達成しようとする者として人間を描きます。この世界観では、すべての人間は経済学的な主体であり、動機の観点から主体の行動は考えられなければなりません。すべての人とは言いつつも、世界を高みから見下ろしている天使の一団は例外です。経済学者の集団です。

守りにつく合理性

合理性の仮定を守るために次のように主張する人がいます。ぱっと見たところ非合理的に見える行動も意思決定問題を正しく定義しさえすれば実際には合理的だというものです。

例として非常に大きな集合の選択肢からひとつを選ばなければならない場合を考えてみましょう。通常私たちがしていることといえば、比較的少ない選択肢を調べて満足するものをひとつ見つけることです。そのとき、まさに選ぼうとしている選択肢よりもさらによい選択肢があるかもしれないということはわかっています。明らかにそれでは合理的に振る舞っていません。選択肢の集合から最良の選択肢を選んでいないからです。しかし合理的な意思決定者の枠組みの中でこういった行動様式を説明できるのです。そのためには、どの選択肢を選ぼうかと決断する主体としてだけでなく、さらに決定の過程をいつ終えるかも加えて決めなければならない主体として、意思決定者を捉えなければなりません。意思決定の過程に必要とされる身体的ないし精神的な要求も考慮するのです。

合理性の仮定を正当化するために進化論的な発想を用いる人もいます。合理性と反目する行動様式をとり続ける人がいたとします。すると利己的な「仕掛け人」が働いてそういった人々の非合理性を試練にかけ、痛めつけるというのです。そうして、そういった人々が事態を把握して行動を変えるか、絶滅してしまうか、のいずれかになるのです。

たとえば、ある意思決定者が物体Aと物体Bを交換するために1ドルを支払うつもりでいると考えてください。さらに物体Bと物体Cを交換するのに1ドルを支払うつもりでいるだけでなく、物体Cと物体Aを交換するのにも1ドルを支払うつもりでいるとします。一方で所持金が少ないよりも多いほうが嬉しい人物だと仮定しましょう。この意思決定者は合理的ではありません。つまり、彼の行動を説明するような優先順位を考えることはできません。もしこのような人がはじめにAと100万ドルを持っていれば、「仕掛け人」が働いて1ドルと引き換えに交換を何度となくさせられることになるでしょう。

はじめに、1ドルでAとBを交換する申し出がなされます。この取引が受け入れられると、今度は1ドルでBとCを交換する申し出がなされます。そして今度は1ドルでCとAを交換することになり……と続いていきます。ほどなくすると意思決定者は目をさまし、自分の行動を変えるでしょう。もしそうでなければ、自分の口座残高が空になってしまったことに気づくことになるでしょう。

合理性と整合的でない行動をとる個人は生き延びることができないという仮定は興味をそそられる議論です。しかしそういった個人が絶滅するかどうかはそこまで明らかではありません。「仕掛け人」は非合理的な生き物を狩るのにエネルギーを使い尽くしてしまいます。栄養源をすべて破壊し尽くす前に活動を止めることも予想されます（あるいは「仕掛け人」自体が絶滅するかもしれません）。非合理的な個人を徹底破壊する者が生存するためには非合理的な被害者もまた生存していなければなりません。これは自然界の議論と同じものです。一方の生物が他方より強く、弱いほうの生物を餌として頼っているからといって弱いほうの生物が絶滅するとは限りません。それどころか実際には両方の生物が互いに関係しあって存在していることを説明することになります。

合理性の仮定への批判に対して、まるで労働組合のような対応をする人々もいます。批判は根本的に無意味であり、建設的な代替案となる枠組みを与えることはないので無視すべきだという議論をします。

ここ数年では、経済理論も批判に好意的に応えています。「限定合理性」や「行動経済学」と呼ばれる分野の研究が発展しているのがその証左です。これらの分野が、合理的人間ではない他の性質を備えた意思決定者による経済モデルを構築する土台を整えています。

結局私は合理的でありたいのか

この質問に合理主義に基づいて答えることを拒否します。答えるためには人生の意味を考えあぐね、人生の目的を定義し、私の前に開かれた何通りもの生き方を明らかにしたうえで、避けられない死を直視して、それから最大化しなければなりません。このような問題はそもそもどう表現したらよいかも思いつきませんし、解くことなどもってのほかです。この道は辿らないほうが好ましいのです。

合理的人間が打ち負かされるのを観察して喜びを得ているとだけは言っておきましょう。合理的人間の完全無欠さが私は好きではありません。

血の通った人間として想像しようとすればするほど、私は合理的人間のことを辛抱のない人間であるばかりか非人間的であるとますます気づかされます。このような人間が現実に存在しないという事実、そして単純なひっかけによって自分のことを合理的だと考えている人をだれかれとなく笑いものにすることが可能であるという事実。この事実に私は喜びを見出します。この章で紹介した問題の多くで私自身が「問題のある」選択をするという事実も好きです。合理的人間の概念を説明したり、こういった話題を経済学の授業で議論したりする際に一言述べます。「自分の行動に整合性のないことが判明しても、私自身は合理性という経済学の原理から逸脱するために規則や約束を破り続けるつもりです」。

「なぜなのか」自問します。まず、経済学の合理性の仮定から生じる教条的な雰囲気に恐れをなしています。正しい行動と呼べるような何かがあると経済学が説教している感じがするのです。これでは、私は自分自身でいる権利を否定され、鋳型に押し込められて経済モデルが想定しているように行動するよう訓練されているようです。私は従うことを拒否します。

次に、合理性の仮定は私のことを予見可能にするものと考えられます。だれかが自分の行動を予期することなど望みませんし、他人の行動を予測できるようになりたいとも思いません。私たちが現に行動する前に将来何をするかをだれかが知れば世界がより良くなるなんてことがなぜありうるのか私にはまったくわかりません。完璧な預言者が現れて予言をしたら、予言の内容と反対のことをするためだけにどんな甚大な犠牲をも払う覚悟でいます。たとえそんな預言者がなかなか訪れないとしても私は待ち続けます。それほどまでに私は打ち負かしたいと思うのです。

それにもかかわらず、やることなすことを見れば、まるで私は非常に合理的な人間のようです。統計的手法を用いてすべての事象を説明し、運命の仕業や超自然的な力の存在を認めることを拒否しているのですから。

第2章

ゲーム理論：ビューティフル・マインド

Game Theory: A Beautiful Mind

1973年

ナッシュという単語と出会いました。

エルサレムにあるヘブライ大学の学生だった私は、ゲーム理論の入門講義の中で「ナッシュ」に出会ったのです。

当時の私にとって、ナッシュとはゲーム理論の中核を成す2つの抽象的な概念の頭についた短くて覚えやすい形容詞に過ぎませんでした。その2つの概念とは**ナッシュ均衡**および**ナッシュ交渉解**です。仮に均衡概念がクールノー（クールノーはフランスの経済学者で、1838年に限定的な文脈の中でこの概念をすでに考案していました）とか「アルファ均衡」とかさらには「スマイリー」とか名づけられていたとしても、私にとっては実際のところどうでもよいことだったでしょう。ナッシュという単語がある人物の名前だと気づいてもおかしくありませんでした。そして、仮にナッシュとはどのような人物なのだろうかと自問していたならば、おそらく、20世紀初頭に亡くなった英国の知識人だろうと推測していたことでしょう。

1980年秋

プリンストン大学を初めて訪れました。

学生たちから、正気をなくした天才がキャンパスをうろつき回ったり、カフェテリアで何時間もコンピュータが出力したプリントの束の前で座りっぱなしだったり、人のいなくなったテーブルから集めた新聞を読んでいたりすると聞きました。この正気をなくした人物は「ディンキー」と呼ばれるプリンストン・ジャンクションとキャンパスを結ぶ短い電車に乗って行ったり来たりしているところを目撃されていました。彼は大学のコンピュータのアカウントを持ち、謎めいた計算ばかりしていると噂されていました。また、ある学生が勇敢にも彼に話しかけたところ、彼は喜んで迎え入れたといいます。

私には、だれがナッシュかを特定するのは困難でした。なにせプリンストンでは、とても多くの変人が芝生の上をうろつき回っていたので。

ある午後、私は経済学部で講義をしようとしていました。講義の前に私はホスト（招待者）に頼んで、カフェテリアまで案内してこの不思議な人物を見せてくれるよう頼みました。ホストはひとつのテーブルを見て、うつむきながら私につぶやきました、「あれがジョン・ナッシュです」。

私の研究生活の中でだれの名前よりその名を口にし、まさにその日の講義で扱おうとしていた交渉モデルの基礎を作った男、その男がテーブルで長くみすぼらしいコートに身を包み、履きつぶされたスニーカーを履き、だれにも目を向けず、背中を丸めていたのです。彼は古めかしいオックスフォードのダイニングホールのようなカフェテリアにぽつんといる人物でした。私は、もちろん、近づきませんでした。私は気が小さかっただけではなく、正気をなくした人間と話すのが怖かったのです。

ゲーム理論

「ゲーム理論」という理論の名づけ親も天才的コピーライターであったに違いありません。もしゲーム理論が、「相互依存的状況における合理的意思決定モデルの集合体」という名前だったとしたら、だれが興味を持ったでしょうか?

「ゲーム」という言葉にはお茶目で若々しく、とっつきやすい響きがあります。私たちはみなボードゲームや社会ゲーム、政治ゲーム、その他あらゆるゲームをプレイします。これに加えてゲーム理論の基本用語には「戦略」や「解」といった言葉が用いられているのですから、本当にめでたいことです。結局のところ、私たちはみな戦争の戦略をじっくり考えながらも成功を見ずに不満をためている専門家であり、だれもが中東で起こっている紛争の解決策を探しているのですから。というわけで、もしかすると、あくまで可能性に過ぎませんが、私たちはゲーム技術向上の秘訣が隠されたとっておきの箱を見つけ出したのかもしれません。しかし、そう単純ではありません。これから説明を試みますが、まず私が述べるいくつかのことが議論の余地がないわけではないということを強調しておきたいと思います。

私はゲーム理論と呼ばれる知識の体系は、戦略的で合理的な人間の思考パターンを分析する数理モデルの集合体だと考えています。ゾッとするような響きです、少し細かく見ていきましょう。

ゲーム理論では、ほとんどの経済理論のように、合理的な意思決定者を主体としています。ゲーム理論でプレイヤーと呼ばれる意思決定者は明確に定義された目的を達成しようとします。彼は何かを求められるといつも、以下のように振る舞い（少なくとも振る舞っているように見え）ます。「何が望ましく、何が可能かを自問し、（客観的に）可能な行動の中で（主観的に）最善の行動をとる」。

すべての意思決定問題がゲーム理論の問題というわけではありません。たとえば、私がちょうど今家を出ようとしているときに傘を持って行くかどうかを考えているとしましょう。このとき4つのシナリオが頭に浮かぶでしょう。

「傘を持って行き、雨が降る」
「傘を持って行き、雨が降らない」
「傘を持って行かず、雨が降る」
「傘を持って行かず、雨が降らない」

それぞれ4つのシナリオが起こったらどれだけうれしいか、不快かを考えてみます。どのように私が判断してもその結果は不確実であり、これは私たちの専門用語で「くじ」と呼んでいる状況です。

もし傘を持って行けば、それを使って濡れずにいられる可能性や、ただ理由も無く持ち歩く可能性もあります。もし傘を持って行かなかったら、濡れる可能性も、手ぶらで歩くことを楽しめる可能性もあります。雨の見込み――つまり私が影響を与えられない「自然」によって決定されるもの――を見積もり、2つの可能性を考え、そして決断します。他のだれかの行動や計算を考慮する必要はありません。ただ私だけなのです。このとき私はゲームではない意思決定問題に直面しています。

一方、天上には天国の水門の鍵を持っている雨の神様がいて、この雨の神様は自分の損得感情を持っていると私が信じているとしましょう。この神様は私を気にかけてくれるかもしれませんが、もしかしたら私のことが大嫌いでやっかんでいるかもしれません。そのために雨の神様の振る舞いに関する私の予想は単に天気予報だけでなく、神の思し召しに関する分析に基づくものになるでしょう。もし私が神の権威を蔑ろにして険悪な空模様を無視すれば、神は嵐を巻き起こすかもしれません。一方、もし神は慈悲深いと信じ傘を持たずに家を出るのであれば、神は私の信心に対し雲を晴らすことで報いてくれるかもしれません。

あるいは、雨の中をアイアイ傘でロマンティックな散歩に行こうとしているところを考えてみましょう。彼女もまた家を出るときに傘を持って行くかどうかを決めなければなりません。私の合理的な決定は彼女の行動に関する私の予想に影響されるでしょうし、その私の予想は何よりも私たち2人ともが雨の中をひとつの傘で歩くことを夢見ているという事実に基づくことでしょう。

そのような状況では私は**戦略的思考**をめぐらせなければなりません。雨の神様（もしくは彼女）がするであろうことを自問するのです。彼らがどのように状況を分析し、どのように私のことを考えるかと自問自答することで私の予想は発展していきます。ゲーム理論は各プレイヤーが合理的な意思決定者であり、決定を下す前に互いの視点に立つような状況を取り扱うのです。

2002年3月

チェス教室の初回に息子のユヴァルを連れて行きました。その教室で指導をしていたベテランのテルアビブの先生は子どもたちに直接話しかけることから始めました。
彼女はさまざまな地区から来た子どもたちに仲良くするように言い、そして気持ちを込めてこう付け加えました。「みなさん、チェスはとても大事なものだと私は思います。なぜならチェスはあなた方に相手の視点に立つことを教えてくれるからです」。チェスを通して他人のことを考えるように教えるとはなんてすばらしいことだろうと思いました。私はゲーム理論家ジョン・マクミランの交渉に関する一章の要約の中にある言葉を思い出しました。

ゲーム理論は交渉者にどんなアドバイスを生み出したか？　私たちが学んだ最も重要な考えとは……相手の立場に身を置き、いくつかの行動を前もって考えておくことの価値である。

私は興奮していました——子どもたちの先生の言葉の中にゲーム理論を見出したのです。しかし、そのすぐ後に疑問を持ちました。ゲーム理論とチェスはひょっとして人々を他人の立場から状況を考えるようにするものの、それはただ自分にとって最善な行為をするためだけではないのだろうか、と。チェスの先生は戦略的思考と共感とを混同していたのです。
戦略的思考は他者の幸福について考えることを奨めてはいません。ゲーム理論は他者がするであろうことを見極めるため、そして、彼自身の選好に応じた便益のために、相手の立場に立つプレイヤーについて述べているのです。しかし、これらの選好は愛着、思いやり、慈悲といったものを反映しているかもしれませんし、憎悪、敵意、遺恨といったものを反映しているかもしれないのです。共感を育むといった教育的な課題は幼稚園の先生の領域に留まっているのであり、チェスの先生やゲーム理論家のものではないのです。

旅行者のジレンマ

ゲームをしましょう（ここと、このチャプターの残りの部分で議論されている設定は、以下のサイトで実験することができます。http://www.possibleworlds.co.il/agadote/）。

以下で見るのは、旅行者のジレンマもしくはバスーのゲームとして有名なものです。元々は、同じ休暇先から同じ土産物を買って帰ってきた2人の旅行者にまつわる物語でした。彼らのスーツケースは空港で紛失してしまい、空港の遺失物係員はスーツケースの荷物分の損失を補償しなければいけません。係員には紛失物の価値について180ドルから300ドルの間だろうという大まかな認識しかありません。そのために、彼は2人の旅行者の申告にそって補償しようという計画を立てました。しかし、彼らは紛失物の価値を誇張しがちであり、真実を語る義務は感じていないだろうということを彼はわかっていました。そこで彼は2人の旅行者を別々の部屋に連れて行き、土産物の値段を180ドルから300ドルの間でそれぞれ申告させました。彼は両方の申告された値段のうち低いほうを2人に補償すると約束しています。さらに、もし彼らが異なった値段を申告した場合には高い値段を言った者に「罰金」として5ドルを科し、低い値段を言った者に「褒賞」として5ドルを与えるとしました。

この状況をゲーム理論の観点から考えるためにはいくつかの問いに答えなくてはなりません。

1．プレイヤーはだれか？

2．それぞれのプレイヤーはどんな選択肢に直面しているか？（この選択肢を「戦略」と呼ぶときもあります）

3．プレイヤーたちの選択肢の組み合わせそれぞれはゲームにどのような結果をもたらすか？（ゲーム的でない意思決定問題と異なり、プレイヤーの決定の結末は彼の選択した行動のみに依っているのではありません。他のプレイヤーが選んだ行動にも依存するのです）

4．それぞれのプレイヤーはどのような選好を持っているか？（つまり起こりうるゲームの結果にどのような順位をつけているか？）

これらの問いすべてに答えて初めて、物語をゲーム理論でいうところの**ゲーム**として定義できたと言えるのです。

旅行者のジレンマの場合には、4つの問いへの答えは以下のとおりです。

1．プレイヤーは2人の旅行者
2．2人ともにありうる選択肢は180ドルから300ドルの間の金額
3．それぞれのプレイヤーは低いほうの申告額を受け取り、さらに自身の申告額が低いほうだった場合には追加で5ドル受け取り、高いほうだった場合には5ドル引かれる
4．それぞれのプレイヤーはできるだけ多くのお金を受け取りたがっている

ここに挙げた4つの問いに対する答えは、初めの状況説明から導かれたものばかりではありません。4つすべての問いに答えなければならないためにプレイヤーの選好を記述したのです。4つの問いに答えるときには、それぞれのプレイヤーはゲーム終了時に自分が受け取るであろう金額にのみ関心があり、他プレイヤーの金額、または両者の金額の比率は気にしないと仮定しました。この仮定は明白なものとは言えず、おそらく現実的なものでもありません。

プレイヤーたちに他の判断基準を追加したとしても、ゲーム理論を用いてこの状況を分析することは確かにできます。たとえば、「もうひとりを犠牲にしてまでわずかな金を得ようとするような卑しい人間だと思われたくない」「自分にとっては2人が共にできるだけ多く受け取ることが重要だ」もしくは「そんな厚かましい奴の言いなりになりたくない」といった状況です。しかし、ゲーム理論においては、不幸な慣習が根づいています。ゲーム理論的にこうした戦略的状況を論じるときには、プレイヤーは彼自身がゲーム終了時に受け取る金額だけを気に

かけているると仮定するのです。

明らかに、各プレイヤーはここで戦略的決定に直面しています。あるプレイヤーから見た最善の行動は他のプレイヤーの行動に関する彼の予想に依存しています。プレイヤーの合理性は他のプレイヤーの行動についての彼の予想に照らして、最善な行動を取るものとしてゲーム理論では定義されます。この定義は予想についてはなんの制約も課しません、とりわけ、その予想がもっともらしいものであることはどのような意味においても要求していないのです。

ここで取り上げている旅行者のジレンマのケースでは、300ドルを選ぶことはプレイヤーとして合理的ではないように思えます。他のプレイヤーの行動を私がどう信じているにかかわらず、300ドルより多く受け取れるかもしれない申告の仕方が他にあるのです。もし他プレイヤーが300ドルを申告するであろうと私が信じているならば、300ドルを私が選べば300ドルもらえますが、もし299ドルと申告すれば304ドルもらえます。そしてもし相手が300より小さい数Nを選ぶと信じているならば、300ドルを選ぶとN－5ドルしかもらえない一方で、たとえば、私もNを選べばNドルもらえるのです。

私が他プレイヤーの申告価格についてわからないとしても、300ドルという行動は合理的ではありえません。

彼はMより大きい数を選ばないと私が確信していて、それ以外の2つの場合、つまり彼がちょうどMを選ぶ場合とMより低い数を選ぶ場合は、それぞれ正の確率で起こると考えているとする。ここで、M－１を選ぶことは３００を選ぶよりも好ましいことを示す。正確を期すために、M－１を申告すると３００を申告するより多くの補償を得られる場合があること、３００を申告してもM－１を申告するよりも多くの補償を得られる場合がないことを示す。もし他のプレイヤーがMを申告し私がM－１を申告すれば、私はM＋４ドルを受け取る。そしてもし私が３００を申告すれば、私は最大でMを受け取る。もし他のプレイヤーがM－１を選び、私もそうすれば、私はM－１ドルを受け取る。そのM－１ドルは、もし私が３００ドルを申告した場合に受け取るM－６ドルより多くなる。最後に、もし他のプレイヤーがM－１より低い数を選んだ場合、私の受取額はM－１を選んでも３００を選んでも同じになる。

つまり私たちは３００ドルを選ぶことの合理性を退けたのです。では、私の観点から２９９ドルを選ぶことは合理的といえるでしょうか？　答えはイエスです。

たとえば、もし私が他プレイヤーは３００を選ぶと確信していれば、私にとって２９９を選ぶことは最善でしょう。しかし、もし私が他プレイヤーの立場に立ち、彼もまた合理的だと考えるならば、彼もまた３００は間違いなく選ばないだろうという結論に私はたどり着くでしょう。そのため、彼が選びうる最大の数は２９９です。その結果、前段の議論により、２９９を選ぶこともまた私にとって合理的な選択肢ではないとわかります。そしてもし私が再び他プレイヤーの立場に立ち、彼は私の立場に立っていると仮定するならば、彼は私が300を選ばないと信じ、それゆえ、彼は299を選ばないだろうという結論に私はたどり着くでしょう。このように298もまた私の観点からは合理的ではありません。そして次に、私には何がよいことなのかを判断するために、相手プレイヤーの立場に立ち、相手は私の立場にどのように立ち、私が相手の立場に立っていることをどのように相手が想像するだろうかと考えなくてはなりません。

この推論を続けるのは私には困難です。この循環論法で私は気が変になってしまいます。それはまるで「もし私が彼女に近づいたら彼女は私に微笑んでくれると私が思っていると彼女は思っていないと私は思います」という文のようなものです。それは間違っていませんし、意味も通っています、ただ、いらだたしいのです。

ナッシュ均衡

ナッシュ均衡：序章で解概念とは、始まりから終わりに向かってモデルが展開「可能」となる一連のルールだと述べました。ゲーム理論の枠組みでは物語はゲームの記述に始まりプレイヤーの選ぶ行動に終わります。ナッシュ均衡とは「私が考えていると彼が考えていると私が考えている……」という渦から脱出させてくれる解概念です。その概念は2つの仮定によって成り立っています。

まず、プレイヤーの行動は他プレイヤーの行動に関する彼の予想に照らして最善である。

次に、他プレイヤーの行動に関するそのプレイヤーの予想は正しい。

言い換えれば、ナッシュによると、「何が起こるか?」という問いへの答えはそれぞれの個人は他人の立場に立ち、行動を正確に予見したうえで、彼自身の立場に立ち返り、そこから最善の行動を選ぶことができるという仮定と整合的なものとなっています。

ナッシュ均衡にはその他の解釈もあります。たとえば、ナッシュ均衡を安定的な行動規範と考えることもあります。行動規範とは人々が出会うさまざまな状況で行うことに関するルールです。もし各プレイヤーの規範によって規定される行動が他プレイヤーも自分と同じ規範に則り行動すると予想したときに彼にとって最善であるならば、ゲーム的状況下での行動規範は安定的です。言い換えれば、安定的な行動規範とは、ゲームの中のプレイヤーにナッシュ均衡に沿って行動するようにアドバイスする振る舞いのルールなのです。たとえば、旅行者のジレンマの状況では、できるだけ多くを求めるという規範(300ドルを宣言すること)は安定的ではありません。なぜなら各個人がその規範から逸脱し、ほんの少し少なく要求しようとするからです（わずかに控えめな要求はより多くの補償によって報いられます）。その一方で、できるだけ控えめに要求せよという規範はこのゲームにおいて安定的です。

ナッシュは均衡概念を用いた最初の人間というわけではありません、しかし、彼はそれを具体的なゲームにおいてではなく抽象的に定式化した初めての人だったのです。ナッシュ均衡はどのゲームにも必ず存在するわけではありません。均衡のないゲームもあります。ナッシュはもしゲームがある条件を満たすのならば、ナッシュ均衡が存在することを証明しました。これが彼の論文の数理的にオリジナルな部分でした。

バスーと旅行者たちに戻りましょう。バスーのゲームでのナッシュ均衡は何でしょうか？ひとり目のプレイヤーが２５０ドルを選びもう２人目が２４０ドルを選ぶ――これはナッシュ均衡ではありません。２人目が２４０ドルを申告したときに、ひとり目が２５０ドルを申告するのは最適ではありません。たとえば、もしひとり目が２３９ドルを選べばより多くの補償を受けられます。同様に、この２人が異なる数字を選ぶような均衡は存在しません。

もし２人ともが２４０ドルを選んでも、これもまた均衡ではありません。それぞれのプレイヤーは要求額から１ドル引いた金額を申告することで利得を増やせます。同様に両プレイヤーが同じ数字を選ぶような均衡は存在しません。例外がただひとつあります。それは両プレイヤーが１８０ドルを選んだときです。どちらもさらに低くは申告できません。１８０ドルを選ぶことが他プレイヤーは１８０ドルを選ぶだろうと信じているプレイヤーにとって最善なのです。

結論です。旅行者のジレンマには両プレイヤーが180ドルを選ぶという均衡がただひとつ存在します。私たちは「何が起きるか？」と問いました。そしてここで、このゲームにおいては、ナッシュ均衡は明確な答えを出しました（ちなみに、これはとてもまれな状況です）。あっぱれナッシュ!!

このゲームでナッシュ均衡がもたらした答えは現実での人々の振る舞いにどのように関係しているでしょうか？　現実の世界でのこのような状況下で人々がどのように振る舞うのか私たちにはわかりません。せいぜい、研究室へ人々を招き、同じようなゲームをプレイするのを観察できるだけです。これには多額の費用がかかるでしょう。もしくは、この本の読者のような人々にこのような状況下での自分たちを想像してもらうよう頼むこともできます。人はとても想像力豊かでこのようなゲームをするのが好きなものです。ゲームの参加者たちは真剣にゲームを行うよういくばくかの支払いを受けます。個人的には、前の章で述べたように、そのような報酬はまったく不必要であり有害とさえなりうると思います。

もし自分自身がこのゲームのプレイヤーだとしたらどうしたか、という質問への13000人分以上の回答のデータが私の手元にあります（http://fametheory.tau.ac.il）。3分の1の回答者は約30カ国のゲーム理論の授業を受けた学生たちで、半分は近年7カ国で私が行った「ゲーム理論とジョン・ナッシュ」という11の公開講座に招待された人々でした。それぞれの講義の前に、私は聴衆にバスーのゲームに関する問いも含んだいくつかの質問に答えてもらいました。もちろんこのサンプルは全世界を代表してはいません。しかし、私たちの目的は全世界がこのゲームをどのようにプレイするかを大まかにも記述することではありません。私たちの関心はこのゲームに参加する人々の考え方を覗き込むことにあり、これらの考え方が世界的にどれだけ共通しているかについての大まかな印象が得られさえすれば申し分ないのです。

回答者のうち45％が300ドルを選びました、私たちが先ほど非合理的だと言った選択肢です。ナッシュ均衡が推奨する選択肢である180ドルを選んだのは、たった20％でした。その他、19％の回答者が295ドルと299ドルの間を選び、残りの16％はより広い181ドルから294ドルの間を選びました。

295から299の間の数を選んだプレイヤーたちは戦略的思考を用いていたようです。つまり、彼らは以下のように自分に言い聞かせていたのです。もう一方のプレイヤーは298を選ぶだろう、だから私は297を選ぶ、もしくは間違いのないように296まで下げてもいいだろう。この295から299の間を選んだ回答者たちは181から294の間を選んだ人々よりも戦略的だということを私は何に基づいて決定するのでしょうか?

まずは、頭で推理します。297を選ぶ論理的な理由は思いつきます。しかし、236のような数字の理由はわかりません。また、295から299の間の数字を選ぶのはより真剣に考えた結果だという仮定の裏づけも持っています。実験の参加者の**回答時間**、すなわちコンピュータが質問を彼らに送ってから回答を受け取るまでの時間を記録したデータがあります。295から299の間の数字を選んだ人々の回答時間（中央値は107秒でした）は181から294の間や300を選んだ人々の時間（同77秒）よりも有意に長かったのでした。

180を選んだ回答者のほとんどはゲーム理論被害者の会の会員、つまり常識を働かせずにナッシュ均衡概念を用いてしまった人々なのではないかと私は思いました。もしあなたがランダムに選ばれた実験の参加者とプレイしなければならなくなったら、私は均衡での行動をとることは勧めません。ゲームのルールによれば、あなたが受け取れるのは最大で185ドルです。その一方、もし298か299を選び、私のデータベース中の参加者とプレイできるならば、あなたは平均して262ドルを受け取ることができます。

そしてもうひとつ興味深い事実があります。さまざまな国での（私の公開講座の聴衆の）回答の分布は似ていたのです。

この事実に対する確証的な説明を私は持ち合わせていません。ひょっとしたら人々は異なるタイプに分けられていて、そのタイプがこのゲームでの選択を決めているのかもしれません。たとえば、次の4つのタイプがあったとします。

本能的なタイプ（このゲームで300を選ぶ人々）
洗練されたタイプ（295から299の間を選ぶ人々）
訓練されたタイプ（ゲーム理論のコースを取り、均衡に従って180を選ぶ人々）

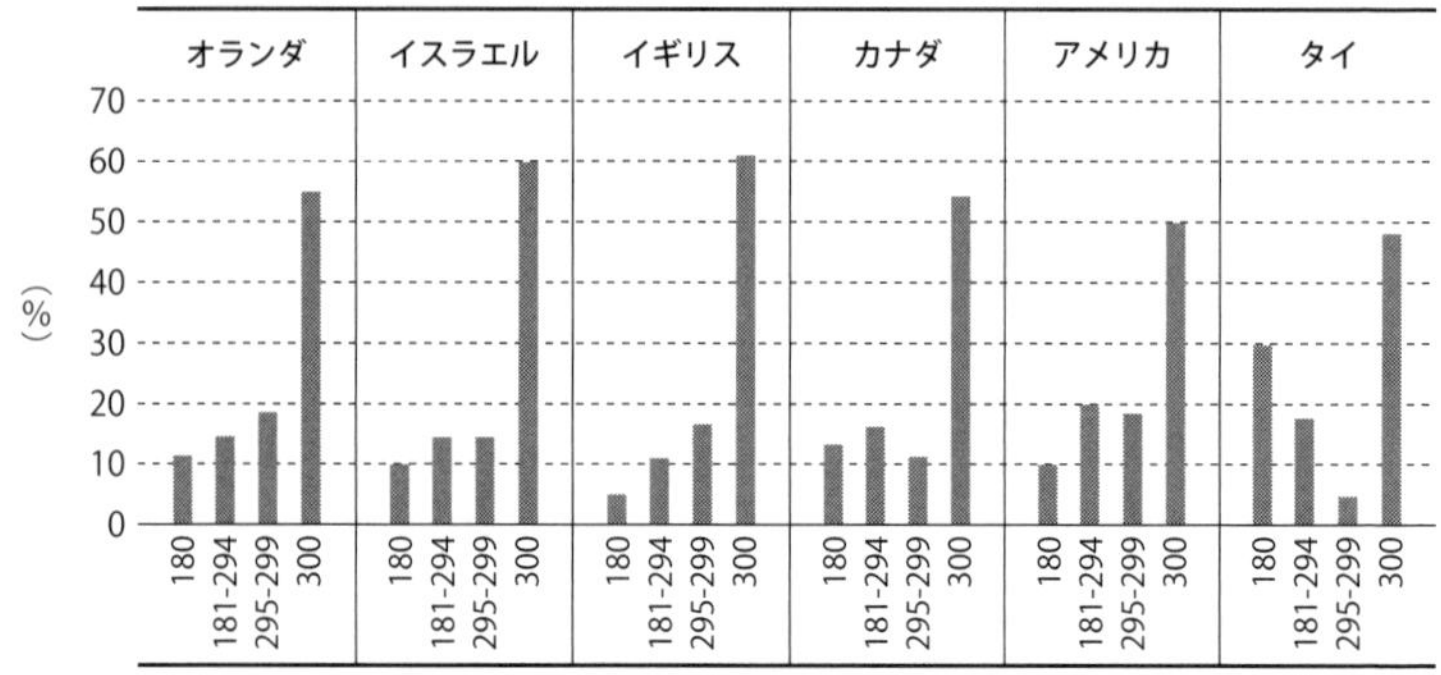

	オランダ	イスラエル	イギリス	カナダ	アメリカ	タイ
参加者数：	613	687	656	648	957	422
平均回答：	278	278	281	272	275	251

気まぐれなタイプ（ランダムに数字を選ぶ人々）

さらにもしかしたらすべての社会にはこの4つのタイプと似たような分布があるかもしれません。もちろん、これは立証することのできない遠大な仮説です。もしこの仮説が立証されれば、タイプの分布を見極めてさまざまなゲームにおける振る舞いの分布を推定することも期待できるでしょう。

7カ国での回答の分布は似ていますが、有意な違いもあります。とくにゲーム理論の解である180を選んだ人々の割合です。この事実はゲーム理論のコースを受講したことがある人の割合と関係があるかもしれません。この仮定の裏づけは同じ質問をされた9300人のゲーム理論の受講生の回答から得られます。彼らのうちで均衡行動を選択したのは23％であり、ゲーム理論の公開講座に参加したより一般的な人々では14％でした。

この増加分は主に300を選んだ割合が少なくなったことに由来します。この結果によって、ゲーム理論の受講生の一部は均衡行動が最も賢い方法ではないときにさえもそれを選んでしまうほどまでに、ゲーム理論的思考を身につけてしまったのではないかという疑念が強まりました。

ナッシュ均衡という概念は人々のプレイの仕方を説明していないとバスーは証明しているのでしょうか？　必ずしもそうではありません。ナッシュ均衡とはゲームの仕組みだけでなくプレイヤーの選好をも含んだゲームの記述に用いられる**解概念**です。もしプレイヤーたちがゲーム終了時に受け取る合計金額のみを気にするのであれば、300という人気の選択肢は合理的ではないことを私たちは見ました。しかし、他人を犠牲にしてまで得することの不快感や卑しく見えることへの羞恥心を考慮するような選好を持つプレイヤーにとっては300ドルは最適になりえます。

その結果、このゲームで300ドルを選ぶことで表されている、他プレイヤーと協調しようとする行動規範は、もしプレイヤーが自分のポケットの中の現金だけを気にするのであればナッシュ均衡にはなりません。しかし、もしプレイヤーが相手プレイヤーを犠牲に数ドル手に入れることの不快感が4ドル以上失う不快感と同じであるような選好をプレイヤーたちが持っていれば、この協調しようとする規範はナッシュ均衡の意味で安定的です。

最後通牒ゲーム

もうひとつ、最後通牒ゲームというゲームを考えましょう。このゲームの参加者は合意形成が可能な2人のプレイヤーです。決裂状態より望ましい合意は複数あります。あるプレイヤーにとって望ましい合意もあれば、もう片方のプレイヤーにとって望ましい合意もあります。プレイヤーたちのうちひとりには**提案者**という役割が、もうひとりには**回答者**という役割が与えられます。提案者は合意に関する提案を、回答者はそれを受け入れるか拒否するかを選ばなければなりません。もし回答者が提案を受け入れれば、その合意が達成されます。もし回答者が拒否すれば、合意を得ずに物別れとなってしまいます。

最後通牒ゲームは日常生活によく登場します。労働市場では、非熟練労働者は仕事のオファーに対してイエスかノーかしか言えません。彼らはたとえ賃金が十分でなくとも大抵はイエスと言います。スーパーマーケットに行くときも、あなたは実際に最後通牒ゲームに参加しているのです。スーパーマーケットはあなたに最後通牒を突きつけています――決められた価格で買うか、買わないかというものです。牛乳の値段についてスーパーのレジ係と交渉する余地はありません。このような状況は実際にではなく、相手が拒否できないような提案を出すことができると思っている人の頭の中で起こることもあります。相手方の思考を見誤っていたとわかったとき、彼の失望はどれほどでしょうか。

単純化のために、最後通牒ゲームを100ドルのケースに限定して話を進めましょう。合意は2人のプレイヤー間での100ドルの配分に関するものです。もし合意が形成されない場合は、2人は何も受け取りません。設定を完全なものにするためには、プレイヤーたちの選好について述べなければなりません。そしてまたいつものように、(自明ではありませんが)それぞれのプレイヤーはゲーム終了時の自分が受け取る金額だけに関心があり、できるだけ多くを得たいと考えていると仮定しましょう。

ゲームを分析するためにはいつものように、解概念を用いなければいけません。このタイプのゲームには経済学では慣習的に完全均衡と呼ばれる解概念を用います。これはある種のナッシュ均衡であり、行動が逐次的なゲームに適用されるものです。今回は本書の序章(交渉の話)で議論された概念を最後通牒ゲームに用いましょう。完全均衡とは、提案者と回答者の行動計画の組を書き表したもののことです。提案者の行動計画とは回答者にオファーしようとしている提案のことです。回答者の行動計画とはどの提案を受け入れ、どれを拒否するかという計画のことです。完全均衡では行動計画の組が2つの要求を同時に満たされなければいけません。ひとつめの要求は提案者に関するものです。すなわち、提案者は回答者の考えを考慮しつつ自分にとって最善となるような提案をしたいと思うでしょう。2つめは回答者の行動計画に関するものです。もし回答者がある提案を受け入れようとするときには、それを拒否しても得しないことが望ましいでしょう。そして、もし回答者がある提案を拒否しようとするときには、それを受け入れても得しないことが望ましいでしょう。言い換えれば、提案（提案者の行動計画に沿わないものも含む）がなされた後も、回答者の計画は彼にとって最善であることが望ましいのです。

このゲームの完全均衡の一例は以下のとおりです。

提案者の計画：1ドルを回答者に提案する。
回答者の計画：0ドル以外であればどんな提案も受け入れる。

これが本当に起こりうるすべてのシナリオで各プレイヤーにとって最適なものかチェックしてみましょう。

ゲームは提案者から始まります。彼の意思決定問題は101個の選択肢からひとつ選ぶというものです。回答者の戦略によれば、それぞれの正の数字Xドルの提案は受け入れられるでしょうし、その場合、提案者には100－Xドルの「価値」があります。0ドルという提案は拒否されるでしょうから、提案者には0ドルの価値しかありません。そのため、提案者にとって最善の行動とは1ドルを回答者にオファーすることなのです。

回答者は提案を受け取った後に行動しなければいけません。もし正の金額が提案されれば、受け入れることが彼にとって最善です。なぜならそれを拒否することは何も受け取れないことを意味するからです。もし0ドルが提案されれば、受け入れても拒否しても同じ0ドルです。そのため、計画どおりに拒否することが彼にとって最善なのです。

提案者が0ドルを提案し回答者は0ドルという屈辱的なオファーも含めたすべての提案に対してイエスと答えようと計画することも、このゲームの2つめの完全均衡だということも容易に確認できます。

では次に、すべての完全均衡で提案者は最低でも99ドルを手にしてゲームを終えることを見ていきましょう。言い換えれば、提案者が99ドルより少なく受け取るような完全均衡はないのです。回答者に1ドルでも与えるような提案をすべて受け入れることは彼にとって拒否して何ももらえないよりは得です。そのために、すべての完全均衡では回答者は1ドルでももらえる提案はすべて受け入れるよう計画し、結果的に、提案者は最低でも99ドルを受け取れます。完全均衡では、提案者は最適な計画を選び、それによって少なくとも99ドルを得られることになるのです。

まとめましょう。ゲーム理論は複数の人々が考えることを「予測」します。最後通牒を出せるプレイヤーはそれを受け入れるか拒否するかしかないプレイヤーに比べて絶大なアドバンテージを持っています。最初のプレイヤーは配分されるはずのパイをすべて（もしくはほとんどすべて）受け取ってしまうでしょう。

最後通牒ゲームとその完全均衡概念を用いた分析は、その他のより複雑な経済モデルの基礎となっています。これほどまでに注目されているゲームを私はほとんど知りません。このモデルの結果は現実世界の行動と一致しているでしょうか？　この問いは多くの文化圏でさまざまに実験されてきました――お金を使ったり、たくさんのお金を使ったり、まったく使わなかったりして――多くの参加者とともに。本書の英語ウェブサイトでは、最後通牒ゲームはこのように書かれています。

あなたとあなたの知らないだれかが100ドルを分け合えると想像してみてください。その100ドルをどう分けるかはあなたの提案次第であり、もうひとりのプレイヤーはあなたの提案を受け入れるか拒否するかしなければなりません。もし彼が提案を拒めば、あなたも彼も何も受け取れません。

あなたはどんな金額をオファーしますか？

この質問をされた約1万2300人分（大半が学生）のデータが私の手元にあります。参加者の半分近く（49％）が50ドルという公平なオファーを提案しました。約9％がいくらか自身の立場を利用して40ドルから49ドルのオファーを出しました――つまり、50ドルよりわずかに少

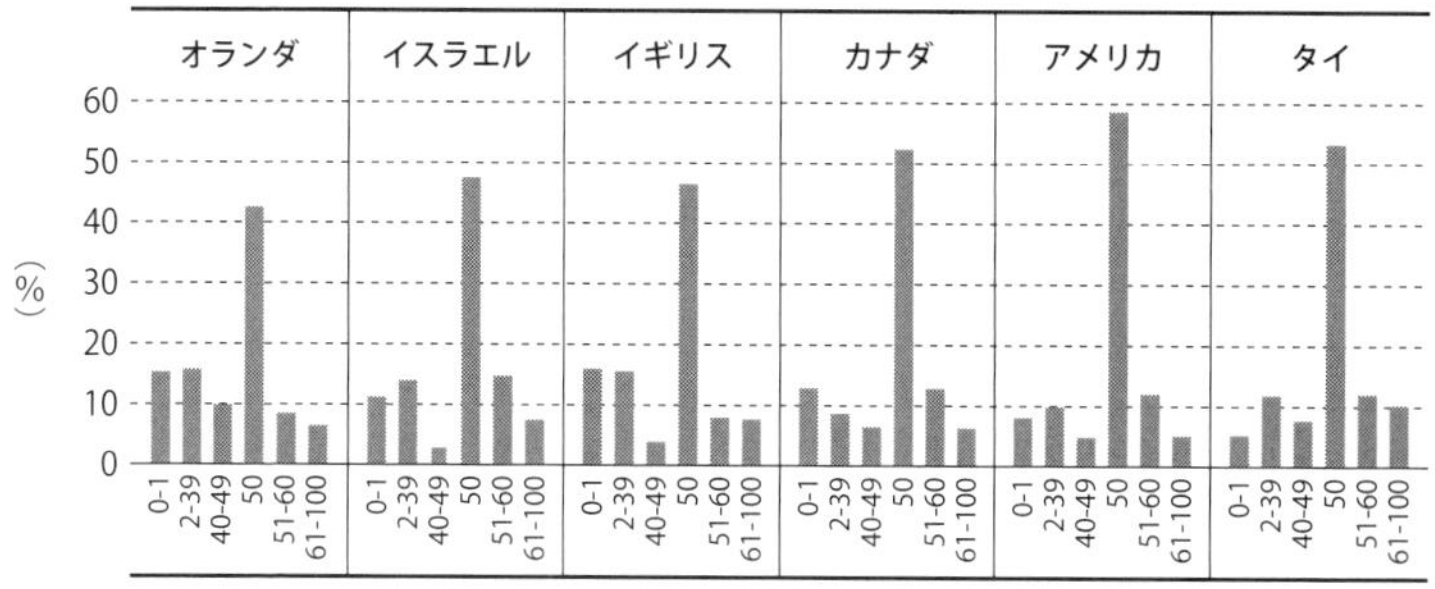

	オランダ	イスラエル	イギリス	カナダ	アメリカ	タイ
参加者数：	655	720	680	694	1055	519
平均オファー：	40	44	42	44	45	48
男性のオファー：	40	43	40	43	43	48
女性のオファー：	44	46	45	46	47	48

ないものです。12%がたった1ドルをオファーしました（そしてたった1%がよりひどい0ドルをオファーしました）。そして13%が2ドルから39ドルというより広い範囲の金額をオファーしたのです。

このなかに出て来ていないグループがあります。18%の参加者たちは50ドルを超えるオファーを出したのです。なかには受け取る側と与える側を混同した人もいたようです――たとえば、60を書いて、このオファーが受け入れられれば60ドルを得られると期待していた人もいました。しかし、51から59の範囲でオファーを出した7%の提案者がいたということは、一般的な公平性の観点から見て受け取る資格のある分よりも少なく受け取ることで心地よく感じる「憎らしいほどに」寛大な人々という有意なグループが存在することを意味しています。

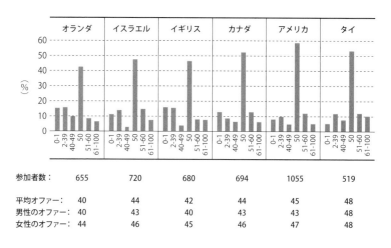

この図は7カ国で行われたゲーム理論に関する公開講座に来た5000名近くによる提案の分布です。それぞれの分布は似通っていますが、異なる点もあります。オランダの人々はイスラエルの人々よりもしたたかと言ってもよいかもしれません、なぜならオランダの人々は平均してイスラエルの人々より4ドル低いオファーを出しているからです。また、公平なオファーを出した人々の割合が最も高かった国はアメリカ（59％）ということも興味深いものでした。しかし、これらの発見が重要だと言うつもりはありません。せいぜい、興味深い観察というだけです。

もしかしたらより重要な結果はジェンダー間の差異に関するものです。ほとんどすべての大学で女性の提案は平均的に3ドルから5ドル男性より高かったのです。公平な配分を選んだ男性は46％しかいなかったのに比べて、女性は56％でした。ゲーム理論的解と一致した提案をした男性は14％でしたが、女性は8％以下でした。つまり、女性はより寛大でゲーム理論的分析にはあまり影響を受けないということです。

回答者の人々は何をするのでしょうか？　以下の質問は本書の英語ウェブサイトでも見ることができます。

あなたとあなたの知らないだれかは100ドルを分け合えます。その100ドルをどう分けるかは彼の提案次第であり、あなたはそれを受け入れるか拒否するかしかできません。もしあなたが提案を拒めば、あなたも彼も何も受け取れません。

彼はあなたに10ドルのオファーを提案します（もしあなたが受け入れれば、彼は90ドルを受け取るでしょう）。

あなたはオファーを受け入れますか？


私の手元には８１００人分の回答があります。63％はオファーを受け入れました。受け入れた人々の割合はバンコクの52％からテルアビブの72％の範囲で分布していました。もし私がこの調査結果を真剣に受け止めたとしたら（実際には受け止めないのですが）、これらのデータに基づいて、多くのイスラエルの人々は１９６７年時の国境に戻るかどうかの国際的な最後通牒を甘んじて受け入れると予見するでしょう（実を言えば、私はこれを正しいと思っています――それはデータに基づいてではなく、イスラエル社会に通暁しているからです）。ジェンダーに関する発見がもうひとつあります。男性は65％が10ドルのオファーを受け入れたのに対し、女性は約60％でした。女性はより毅然としているのでしょうか？　より非物質主義なのでしょうか？　それともより発達した公平性の感覚を持っているのでしょうか？　いずれにしても、彼女たちのほうが好ましいように私には思えます。

少なくとも近年までの経済モデルの通例として、古典的な分析では各プレイヤーはゲーム終了時の自分の得る金額にしか関心がないと仮定します。ゲームに関するプレイヤーたちの選好に関するこの仮定は正しいのでしょうか？　とても疑わしいものです。

　はじめに、自分が手にする金額だけでなく公平な配分も重要視する人は多くいます。自分が総取りするよりも均等に分けるほうが幸せだと言う人さえもいます。**独裁者ゲーム**と呼ばれる状況下ではこのような姿勢が明らかになります。独裁者ゲームでは、ひとりの独裁者と呼ばれるプレイヤーが自身と匿名のプレイヤーの間でお金を分配します。他のプレイヤーはこのゲームでは何もしません、そのためこれはゲームではなく実際には意思決定問題なのです。ゲーム理論の何千もの受講生たちにこのゲームで独裁者をプレイする状況を想像してもらいました。その結果、約36％が総取りし、約35％が均等に分け合い、その他のほぼすべての人が自分よりは少なく相手に配分しました。平均すると、独裁者は4分の1を相手に与えました。これらの事実はそのような状況下ではほとんどの人々はそれほど利己的ではなく配分の公平性も考慮することを示しています。

　人々はゲーム終了時に自分が受け取る金額だけでなく、どのように受け取るかも気にかけるのです。今10ドルが私の手に、90ドルが隣人に空から落ちて来ようとしていて、私はこれを妨げる能力を持っているとしましょう。私が10ドル、隣人が90ドルを受け取るか、2人とも何も受け取らないかという選択に私は直面していることになります。隣人が私よりはるかに多く受け取るくらいなら2人とも何も受け取らないことを選べば、私は性悪だと思われるでしょう。その一方、最後通牒ゲームでは私は10ドルをオファーされる、つまり厚顔無恥な隣人＝提案者は90ドルを手にするとしましょう。このときには私は疑いなくこの10ドルを彼に一矢報いるために放棄します。ほぼすべての人が私と同じように感じるのではないかと考えていました。しかし、驚いたことにこの調査の回答者のうち、たった半分ほどしかこの100ドルから10ドルを受け取るという提案を拒否すると答えた人はいなかったのです。

言うまでもなく私は最後通牒ゲームでパイの「すべて」ないし「ほぼすべて」を要求しようとしている人にアドバイスするにあたり、古典的なゲーム理論分析を使いません。少なくとも75％の参加者は1ドルのオファーを拒否し、50-50のオファーは（ほぼ）すべての人が受け入れると信じるに足る理由があります。それゆえ、ゲーム理論の勧めに従って行動する人は75％の割合で0ドルしか得られず、平均（期待）値は25ドルを下回ってしまいます。もし彼がもっと単純な方法で行動し、公平な配分を提案すれば、彼はほとんど確実に肯定的な返答を得るでしょうし50ドル近くをポケットにいれることも期待できるのです。ゲーム理論の授業で学んだというだけで1ドルという卑しいオファーを出してしまう参加者もまたゲーム理論被害者の会の特別会員なのです。そしてもし彼らが実生活でゲームをしても、ゲーム理論を学んでいない人よりも悪い結果しか得られないでしょう。

これでも最後通牒ゲームのゲーム理論的解を聖杯と仰ぐ戦略の専門家はいます。イスラエルのある首相はパレスチナ自治政府の指導者に対して、ヨルダン川西岸地区とガザ地区の90％をパレスチナ自治政府に与えるという最後通牒を突きつけたという専門家もいます。パレスチナ自治政府の議長は拒否しました、そしてその後は中東の歴史の血塗られたページに書かれているとおりです。相手側が自分は１００％に値すると思っているか、分けられようとしているパイがより大きなパイの一部であって小さなパイの90％は大きなパイの50％未満でしかないときには、小さなパイの90％の提案でさえも退けられがちなのです。

１９８５年秋

私はエルサレムの経済学部の若い新米の講師でした。

ある日、ノーベル賞委員会からの手紙がメールボックスに舞い込んで来ていました。驚きました。選定委員会がまだキャリアの早い段階にいる研究者たちに接触して重要な分野を見定め、候補者を探しているのだと後にわかりました。ゲーム理論の経済理論における重要性についてのよくある論評から委員会の質問に答えはじめました。ゲーム理論が用いられている多くの分野を挙げました。候補者に関する質問まで来ると、４人の名前を書きました。それから5人目について段落を追加しました。ジョン・ナッシュです。

５人の中でも抜きん出ているナッシュはプリンストンに住んでいて個人的な問題のために仕事を中断していること、しかし彼が１９５０年から１９５３年の間に書いた３つの論文はジョン・フォン・ノイマンとオスカー・モルゲンシュテルンによる『ゲームの理論と経済行動』以降のすべての経済理論とゲーム理論において最も重要で示唆に富んでいるものだった、と私は書きました。ナッシュは明らかにノーベル賞に値する人物でした。

私の論評は9年後の彼の受賞にせいぜいわずかな影響しか与えてはいないでしょう。そしてふと考えはじめました。私は学問的判断のみによって推薦したのだろうか？　もしくは見放されている、精神病さえ煩わなかったら手にしていたはずの正当な評価を受け取っていない人間が苦しむ不正義を正したがってもいたのだろうか？　人類の不正義を正そうとする目標と純粋に学問的な評価とを切り離すことは可能かつ望ましいのか？

ホテリングのゲーム

ゲームに戻りましょう。次のゲームは、わずかに違う形で、序章で議論されたものです。

あなたは今他の2つのチェーン店と競争しているコーヒーチェーン店の経営者であるとしよう。海岸地区に7つの新しい住居棟が建設されている。それらは同じサイズで互いに同じ距離にある。それらの棟は左から1、2、3、4、5、6、7と番号がふられている。

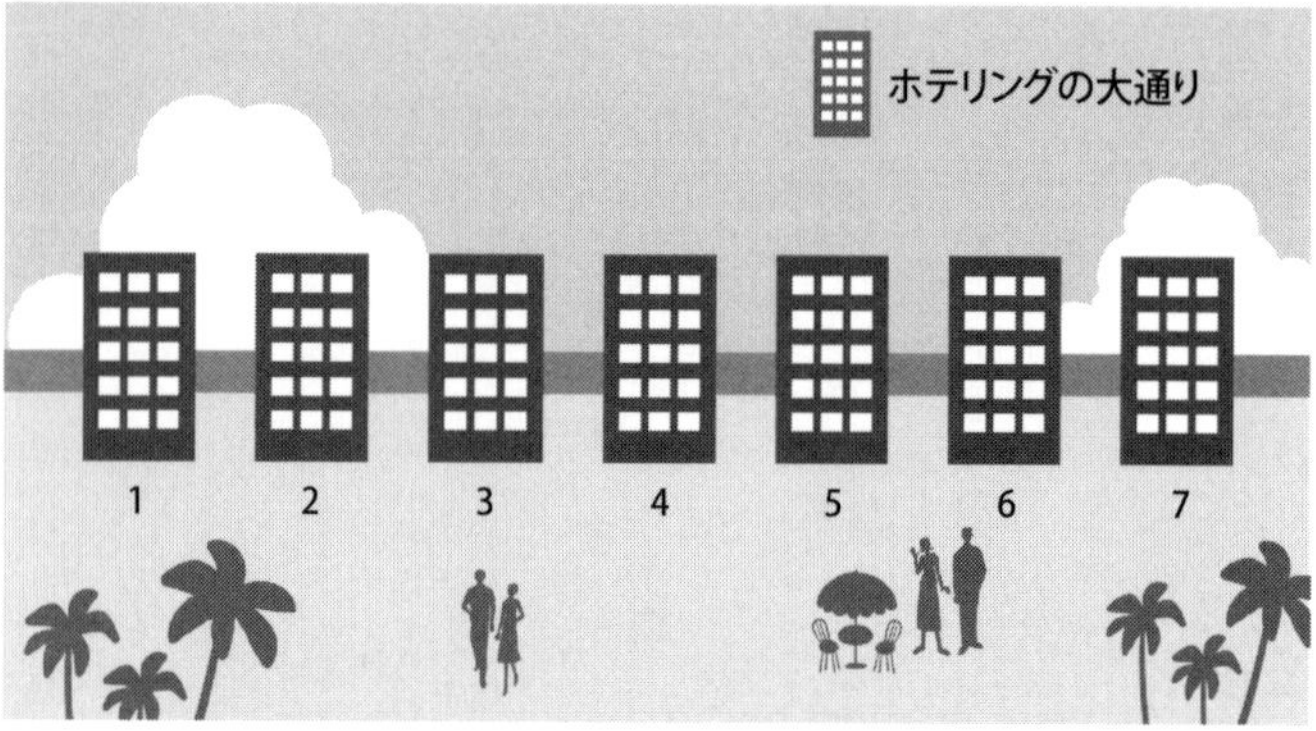

3つのチェーンはそれぞれ新しい支店をどこかの棟にオープンしようとしている。その3つのコーヒーショップはとても似たものとなる。チェーンの経営者はできるだけ多くの客を獲得するために、どの棟にオープンするかを決めなければならない。彼は競争相手が着工しはじめる前に今すぐ決断しなければならない。常連客は7つの住居棟の住人で、それぞれの住人は最も近いカフェに行くだろう。

あなたはどの住居棟にコーヒーショップを出すか？

ホテリングは大通りと商店について語りました。ここでは、大通りは7つのビーチに面した区画に、商店はコーヒーショップになっています。このような変更を加えた理由として、私が喫茶店好きであることを認めなければなりません。居心地がよくお気に入りである近所の喫茶店にとって脅威であるコーヒーチェーンは使いたくなかったのですが、お話をより現実的にするためにここでは妥協します。

ここでの仮定は完全に現実を描写してはいないかもしれませんが、それほど無理のあるものではありません。実生活では、コーヒーショップは完全に同一ではありません。遠くてもお気に入りのコーヒーショップに通う人もいます。私たちのゲームの中ではコーヒーショップはただ出店場所だけで競争します。決断は同時に行われると仮定します。それぞれのプレイヤーは他の2店の場所を知ることなしに出店先を決めます。実生活では、プレイヤーたちはライバルより先手を打つか、逆に旗色が鮮明になるまで待とうとします。

まずは（3つではなく）2つのチェーンが競争していると仮定し、その後にゲームの状況に翻訳しましょう。

ゲームの2人のプレイヤーはそれぞれの経営者です。各チェーンは1から7の棟のいずれかを選ばなければなりません。チェーンの目的は客の数を最大化することです。その数は自分とライバルの出店場所に依存し、以下のように計算されます。各棟でどのチェーンがいちばん近いカフェかをチェックし、その棟の住人をそのチェーンの客としてカウントします。もし、2つのカフェがある棟から等距離にあったとしたら、その棟の住人は双方のカフェに半々に分かれて向かいます。たとえば、もしチェーンAが4号棟に出店し、チェーンBが6号棟に出店したとすると、1、2、3、4号棟の住人はチェーンAの顧客となり、6号棟と7号棟の住人はチェーンBの顧客となります。それに対し、5号棟の住人は2つのチェーンで半々ずつに分かれます。この場合、チェーンAの市場シェアは4・5棟分になるのに対し、チェーンBのシェアは2・5棟分になります。

このゲームではプレイヤーが2人なら、ナッシュ均衡はひとつです。真ん中の4号棟に両プレイヤーがコーヒーショップを出店するときです。どちらかのプレイヤーが真ん中から離れればその客は減ってしまいます。その他に均衡がないことはイントロダクションで見たのと同じようなやり方で証明できます。2つのカフェの間に棟があるような状況は均衡ではありません、なぜならもし2つのうちどちらかがその間の棟に動けばマーケットシェアを増やせるからです。もし2店が隣り合っているとすればどちらかは市場の半分未満しか手にしていず、競争相手のいる棟に移ればマーケットシェアは50%に増えます。もし両方のカフェが真ん中でない同じ棟にいれば、どちらかは真ん中の棟に移動することで少なくとも7分の4にマーケットシェアを増やせます。

実際には、もし読者にこの2人の競争者のゲームを考えてもらうとすると、大多数の人が真ん中の棟を選び、間違いなくゲーム理論の予測を確認することになるだろうと思います。手元には、8100人分の調査結果があります。約68%は4号棟を選びました。これはゲーム理論は実生活で起こることを予想するのに有用だと考える人にはよい知らせのように思えます。序章で言及したように、このゲームは重要であり、実生活でよく起こる状況に似ています。早くも1929年には、両プレイヤーが真ん中を選ぶことについて、ホテリングは以下のように述べていました。

> とても多くの競争活動が行われている分野で観察されるこの傾向は、たとえいわゆる経済活動とかけ離れたところでも一般的なものである。政治学の分野がとてもよい例だ。共和党と民主党間の選挙戦では明確な姿勢の違い、つまり投票者が選びうる2つの対照的な立場というものは表れてこない。その代わりに、両党は互いにできるだけ似たプラットフォームを作ろうとするのである。

しかし……喜ぶのは早計です。2つではなく3つの競争者がビーチに出店しようとするとどうなるでしょうか？

3者によるホテリングゲームではナッシュ均衡がないことを確認するのは難しいことではありません。ここではなぜ3者が真ん中にカフェを出すのが均衡とならないかだけを説明します。もしあるプレイヤーが他の2者が4号棟を出店先として選ぶだろうと考えるならば、彼もそこに出店すると全住民の3分の1を獲得します。つまり彼の客数は2と3分の1（$2\frac{1}{3}$）棟分の住民数と等しくなります。一方で、もし3号棟か5号棟に出店すれば、彼のマーケットシェアは3棟分の住民数になります。それゆえ4号棟を選ぶのは他の2者が真ん中を選ぶと予想するプレイヤーにとって最適ではありません。したがって、3つのカフェすべてを真ん中の棟に出店することはナッシュ均衡ではないのです。

3者によるホテリングゲームはそれぞれのプレイヤーたちを区別しないゲームという意味で対称ゲームです。このタイプのゲームでは、**対称均衡**と呼ばれるナッシュ均衡を拡張した概念を用いる慣例です。この種の均衡は、一定のやり方でゲームをプレイするようにプログラムされた個人からなる大規模な集団の行動の分布として考えられます。この行動の分布は集団のうちどれだけの割合の個人が1号棟を選び、どれだけが2号棟を選ぶ……ということを表します。集団の中のそれぞれの個人は特定の住居棟に出店するようプログラムされ、同様に集団からランダムに選ばれた2人の競争相手とゲームをプレイすることを企図しています。対称均衡では、特定の棟に出店するようプログラムされた個人は他の所へ移ってもマーケットシェアを拡大することはできません。

以下の行動の分布を見てみよう。全体の半分が3号棟に、残りの半分は5号棟に出店するようプログラムされているとする。

出店先を選ばなければならず、この分布からランダムに選ばれた相手と競うと知っているプレイヤーは2人の相手の出店先についての不確実性に直面する。彼はそれぞれ4分の1の確率で2人ともが3号棟か5号棟に出店し、2分の1の確率で片方が3号棟に、もう片方が5号棟に出店すると予想している。それゆえ、もし彼が4号棟を選ぶと、4分の1の確率で4、5、6、7号

棟	1	2	3	4	5	6	7
均衡			40%	20%	40%		
調査の分布	5%	8%	16%	43%	14%	8%	6%

棟の住民を獲得できる。また、4分の1の確率で1、2、3、4の住民を獲得し、最後に2分の1の確率で4号棟の住民のみを獲得することになる。結果として、4号棟に出店するプレイヤーの平均マーケットシェアは2・5棟分の住民数と等しくなる。その一方で、3号棟か5号棟を選ぶと平均客数は3分の7棟分でしかない（これは対称性から明らかで、計算する必要もない）。

2人の競争相手が全体からランダムに選ばれる、とあるプレイヤーが予想しているときには、プログラムされた通りに出店するよりも4号棟を選んだほうがより高い平均マーケットシェアを得られるということが以上からわかる。

3者によるホテリングゲームは40％のプレイヤーたちが3号棟を選び、20％が4号棟を選び40％が5号棟を選ぶときに、唯一の対称均衡を持つことも（少し労力がいりますが）証明できます。

上の表は均衡分布と7400人分——そのほとんどが経済学とゲーム理論の学生——の選択結果の分布です。

ゲーム理論的解が予想するように、中央の棟を選んだ割合43％は2者のホテリングゲームでの中央の割合70％より明らかに低くなっています。しかし、ゲーム理論が予想した分布と調査結果での分布はまったく似ていません。

真ん中の棟は3者によるゲームでも最も多く選ばれました。これは（すでに序章で書いたように）一直線上の選択肢群からひとつを選ばなければならない場合、人々は中央の選択肢を選ぶという本能を反映したものです。中央の棟を選ぶことが本能的行動であるという仮説は参加者たちの回答時間によって支持されています。4号棟を選んだ参加者たちの回答時間の中央値（54秒）は両端の棟という明らかに非合理な選択肢を選んだ人々の回答時間の中央値とほとんど同じなのです。その一方で、2、3、5、6号棟を選んだ人々の回答時間の中央値はかなり大きいものでした（80秒）。

ゲーム理論の興り

ナッシュ均衡と実験結果は一致しなくとも、ゲーム理論は経済学の中心的なツールとして確立されてきました。ナッシュ均衡はいわゆる非協力ゲーム、つまり各プレイヤーは独立して動き、協調して判断を下すようなグループ（結託）を作らないゲームでの行動を予測するために用いられる解概念として認められるようになりました。

1950年代と1960年代にはゲーム理論は経済学の片隅で停滞していました。ゲーム理論の始まりと考えられているフォン・ノイマンとモルゲンシュテルンの『ゲームの理論と経済行動』が第二次世界大戦中にプリンストンから出版されると、急速に知性の偉大な到達点と認識されました。それにもかかわらず四半世紀の間、ゲーム理論の研究は数学やオペレーションズリサーチの範囲を出ることはほとんどありませんでした。

1970年代になって初めて、ゲーム理論は経済学の中核に入り込みました。それまで市場と競争均衡というペアが経済分析の主要なツールだったとするならば、ゲームとナッシュ均衡のペアが主要なツールの仲間入りを果たしたのです。

1980年代以降は、数えきれない人々がゲーム理論はすべての分野で有用だと喜んで宣言してきました。経済学における寡占市場や企業買収、政治学での戦略的投票や国家間交渉、生物学では花と蝶の関係や動物の進化、哲学での倫理的問題、コンピュータ・サイエンスでのコミュニケーションプロトコルの開発、果てはイサクの燔祭やソロモンの審判といった聖書の物語まで、何もかもがゲーム理論というツールで分析されるようになったのです。

1994年、ゲーム理論は「全オークションの母」としてメディアから称賛を浴びました。連邦通信委員会（FCC）が通信用周波数を公開オークションにかけました。このオークションはゲーム理論家たちの協力の下設計されたものでした。そして、売上総額は実に70億ドルに達したのです。応札者たちもまたゲーム理論家を雇い、アドバイスを求めました。メディア（だけではありませんでしたが）は、この出来事をゲーム理論の応用可能性の決定的な証拠だと見なしました。私は疑念を抱いています。

私はこの入札やこれと似た入札を設計した人々を個人的に何人か知っています。彼らは疑いなく明晰で知的な人たちです。彼らはまたしっかりと地に足の着いた人たちでもあります。しかしながら、私の理解できる範囲では、彼らは基本的な直感や人為的なシミュレーションをもとに助言を行っていました、ゲーム理論の洗練されたモデルがもとではなかったのです。入札を設計するのに彼らがゲーム理論を役立てたと主張するどんな根拠も私には見つかりませんでした。彼らはせいぜい私たちがゲーム理論でよく研究する固有の戦略的思考に通じているというだけでした。

ゲーム理論が花開く間にジョン・ナッシュは妄想型統合失調症と診断されました。彼は精神病院に何度も入院し、インシュリン治療を受け、彼を「南極の王」とする声を聞き、『ニューヨークタイムズ』の紙面を通して別世界と対話していました。

1994年11月

私はプリンストンのオフィスで座っていました。夕刻で、ドアは開いていました。

ジョン・ナッシュが廊下を通りかかり、何かを探しているように見えました。彼は私の部屋に入ってきて、礼儀正しく、ストックホルム大学のだれかのファクス番号を知らないかと訊ねてきました。彼が持っていた番号は6桁でした。アメリカのすべての電話とファクス番号は7桁のため、のこり1桁がなくなったのだとナッシュは考えていました。私は彼にストックホルムでは電話とファクス番号は6桁だと説明しました（当時はそうだったのです）。彼は安心しました。

私はそのときを利用して、今まで長い間したいと思っていたけれど思い切れずにいたことを実行しました。勇気を振り絞り、マーティン・オズボーンと書いたゲーム理論の教科書を彼に手渡したのです。ナッシュは本を受け取りました。彼が礼を言ったかどうかは覚えていません。すでに2冊ゲーム理論の本が本棚にあるから、これで「2＋1＝3冊」持つことになりましたと彼は言いました。それから、彼は本をパラパラとめくり、驚いて言いました。「ここに私の名前が載っているではないですか」。

有用性

ゲーム理論は有用か？　大衆向けの記事はゲーム理論の応用に関するナンセンスで埋め尽くされています。これはまともな新聞からの一例です。

コフィ・アナンはさまざまな情報源からアドバイスを求めることで有名だが、最近の国連事務総長の建議によると、彼は中東の難局を解決するにあたり新たなインスピレーション源を見つけたもようである。それはゲーム理論というものである。アナン氏の言葉遣いが数学的になったようでさえある。直近の彼のスピーチでは、キャリア官僚はアメリカがイスラエルとパレスチナに彼らの「戦争の論理」を捨て「平和の論理」を取ることを支援するよう要求したと見られている。

――『フィナンシャルタイムズ』(2002年4月17日)

そしてこれがもうひとつの例です。2006年2月はタイにとって緊迫した月でした。野党が首相の辞任を要求しました。7カ月後、その圧力はついに軍事クーデターにつながりました。同じ月に、私は偶然バンコクにいて、先に言及したゲーム理論の公開講座を行いました。ゲーム理論は実用的な問題とは無関係だと私は強調しました。もちろん、タイの政治状況にはまったく言及しませんでした。最もそれに近かったのは、最後通牒ゲームでとくに寛大であった人々をほめたときです。しかし、それは講義に出席していたタイの新聞紙『ネイション』の記者に以下の見出しを後日書かせるのには十分だったのです。「今こそ投票へ、とゲーム理論は言う」。

ゲーム理論のコミュニティではその応用可能性についての合意は得られていません。戦略的状況での行動の優れた予想を提供することがゲーム理論の役割だと信じる人もいます。経済学者のハル・ヴァリアンは『ビューティフル・マインド』という映画のレビューで書きました。「ナッシュ氏の貢献は美女をバーで口説くべきかについてのいくらか不自然な分析よりもはるかに重要なものでした。彼が発見したものは事実上あらゆる種類の戦略的関係の結果を予測する方法でした。」（『ニューヨークタイムズ』２００２年４月11日）。

バーの美女は後回しにするとして、ヴァリアンがどのようにナッシュ均衡の予測可能性について結論に至ったか私にはまったくわかりません。ゲームが唯一の均衡を持つときでさえ、ゲーム理論の予想と現実には大きな隔たりが残ります。さらに、多くのゲームではナッシュ均衡は複数あり、これは予測可能性を減じてしまいます。そしてこれが以前に述べたように人々が予想を知っていて、それに反応しそうなときに行動を予想する根本的な困難なのです。

ついでに言えば、ナッシュのノーベル賞受賞のもととなった論文（『エコノメトリカ』１９５１年掲載）は、経済学への有用性を気取るようなことはいっさいしていません。唯一の「経済的」例といえば、単純化された3人プレイヤーのポーカーゲームくらいです。

アヴィナッシュ・ディキシットやバリー・ネイルバフのような経済学者は戦略的知性を高める力がゲーム理論にはあると信じています。ゲーム理論の研究は戦略的状況で行動する能力をいくぶんか養うと考えています。しかし、彼らでさえゲーム理論をハウツーものの集まりだとは見なしていません。

ゲーム理論のレトリックは、有用性と単純化されたモデルを扱っているという自覚をすり替えてしまいます。全体として私はゲーム理論は有用性という誤った側面を提示しがちだと思います。タイの新聞記者は明らかに私の発言の中に彼が聞きたかったものを聞いたのです。それにもかかわらず、もし私が物理学者や数学者だったら、彼があのような見出しを書いていたとは思いません。私たちが経済学やゲーム理論で使っている言語の中には、私たちは賢いという幻想を生み出し、性急な応用を導いてしまうものがあるのです。

私のゲーム理論への見方は、序章で説明したように、私自身の経済モデル一般へのアプローチと整合的なものです。ゲーム理論は現実を描写しようとか、規範的であろうとはしていません。ゲーム理論は戦略的思考の論理を研究しているのです。しかし、論理によって人々が正直になったり、裁判官たちが公正な判決をするようにはならないのと同じように、ゲーム理論はプレイヤーたちがゲームをプレイするのを助けはしません。

もしゲーム理論に実用的な側面があるとすれば、それは間接的なものです。相互依存的な状況における合理性に関する秩序立った議論ができるようになります。経済学とその他の社会科学の分野との議論を戦略的思考に焦点を当てることで、豊かなものにします。そのような戦略的思考の中には、まだ私たちが気づいていないものもあるかもしれません。エンターテイメント的面白さもあります。そして、それ自体はすばらしいことですが、一般に人々が有用だと思うようなものではありません。ちなみに、ときどき私は、そもそもなぜゲーム理論の有用性について問う必要があるのだろうと考えます。学問的研究は直接的かつ実用的な利益によって判断されなければならないのでしょうか。

ゲーム理論の予測可能性については留保しますが、ゲーム的状況での人々の振る舞いはあるルールやパターンに沿っていて、それらは世界中の出来事を観察することや実験の結果から発見されうるという事実は否定しません。しかし、それはゲーム理論的分析とは（もしあるとすれば）ただ弱くつながっているだけなのです。ここにもうひとつ例があります。

トレジャーハント

『トレジャーハント』は子どものころ大好きだったラジオ番組です。その番組は4週間に1回午後9時に放送されていました。そのテーマ曲はまるで中世の騎士の居城から聴こえてくるようでした。

スタジオのトレジャーハンターはなぞなぞを受け取り、観客のほうを向きます。そしてリスナーはスタジオに電話をかけて回答を有料でオファーします。もしトレジャーハンターがお宝の場所を特定し、彼の使者がお宝まで午後10時20分までにたどり着けば、彼は1000リラ引くリスナーに支払った分を受け取ります。私は持っているすべてのイスラエルの地図帳を前もって集め、混雑している電話をつなぐための革新的な方法を編み出そうとしていました。トレジャーハンターが「エルサレムからの男子生徒」の回答を5リラで買っていた数回の間に私の興奮は頂点に達しました。ゲーム理論の授業のための例を考えているときに『トレジャーハント』を思い出しました。このラジオ番組は以下の（ウェブサイトにもある）ゲームのインスピレーションともなったのです。

あなたはお宝を持っていて、一列に並んだ4つの箱のひとつに隠せます。4つの箱はこのように印がつけられています。

競争相手はひとつだけ箱を開けることができます。あなたの目標はお宝を見つけさせないことです。

どの箱にお宝を隠しますか?

この状況は2人のプレイヤー、隠す人と探す人によるゲームと考えられます。隠す人には箱の数と同じだけの4つの戦略があります。探す人にも同じく4つの戦略があります。隠す人と探す人の選択のペアは2つの可能性からひとつの結果を導きます。探す人がお宝を見つけるか見つけないかの2つです。探す人は前者を好み、隠す人は後者を好みます。

このゲームの2人のプレイヤーの利害は完全に相反しています。隠す人は探す人がお宝を見つける確率を減らしたがっています。探す人はお宝を見つける確率を上げようとしています。

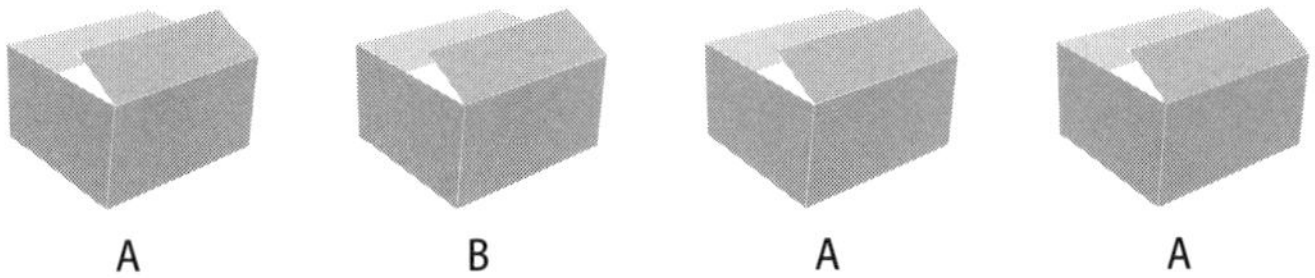

片方のプレイヤーに有利なことはすべてもう片方に不利です。専門用語ではこのタイプのゲームを慣例的にゼロサムゲームと呼びます。公人や評論家たちは彼らの所見を専門的な言葉で修飾するために頻繁にこのコンセプトを、ときには適切に、ときには不適切に使います。

　このゲームではナッシュ均衡の候補は選択肢のペアです。隠す人がお宝を隠す箱と探す人が開ける箱です。もしこの2つの選択が重なれば、探す人はお宝を見つけます。それゆえ隠す人は他の箱に隠したほうが良かったのです。もし2つの選択が異なれば、お宝は見つかりません、それゆえ探す人は違う箱を開けたほうが良かったのです。したがって、このゲームにはナッシュ均衡はありません。

　プレイヤーがランダムに箱を選ぶ可能性をゲームに与えると状況は異なります。この仕方によると、隠す人は4つを合計すると1になる非負の数を選びます。専門用語ではこのタイプの選択を混合戦略と呼びます。それぞれの数字はある箱にお宝が入れられる確率に対応しています。たとえば、（0.3、0.2、0.2、0.3）という選択は、両端の箱に30％ずつの確率でお宝を隠し20％ずつの確率で内側の箱に隠すことを意味しています。また、（1、0、0、0）という選択は隠す人は必ず左端の箱に隠すことを意味しています。同様に探す人についての混合戦略は合計1となる4つの非負の数――それぞれは特定の箱を開ける確率に対応しています――を選ぶということです。

各プレイヤーは4つのスロットを持つルーレットを回す人として考えられます。ルーレットのそれぞれのスロットはひとつの箱に対応しており、関連するエリアはそれぞれの箱をプレイヤーが選ぶ確率に対応しています。ルーレットの結果によってプレイヤーがどの箱を選ぶかが決定します。私たちはプレイヤーが実際にルーレットを回す人だとは必ずしも考えていません。そのランダム性は4つの箱からひとつを選ぶときのプレイヤーの脳裡で起こっているプロセスの結果となりえるのです。そして傍から見ている人にとってはあたかも箱を選ぶのにランダムな手法をプレイヤーが用いているように見えることでしょう。

混合戦略のペアがお宝の見つかる確率を定義します。たとえば、もし隠す人が（A、B、A、A）の4つの箱に（0.3、0.2、0.2、0.3）の確率でお宝を隠し、探す人が（0.1、0.4、0.4、0.1）の確率で開けるとすれば、探す人は22％の確率でお宝を見つけます。左端の箱にお宝がある確率は30％で探す人がその箱を開ける確率は10％です。結果として、左端の箱に隠されたお宝が見つかる確率は3％です。同様にBの箱に隠されたお宝が見つかる確率は8％、等々です。

ナッシュ均衡の候補は混合戦略のペアです。その戦略のペアが均衡となるために、どちらのプレイヤーも戦略を変更することでより高い利得を得てはなりません。すなわち、隠す人が探す人の戦略に気づいているとき、隠す人はお宝が見つかる確率を減らすような戦略を持ってはいけません。そして、探す人が隠す人の戦略に気づいているときに、探す人はお宝を見つける確率を上げるような戦略を持っていてはいけません。

以下のそれぞれ2つの理由は前述の戦略のペアが均衡でないと判断するのに十分です。（i）（0.1、0.4、0.4、0.1）の確率で箱を開けるのが探す人の戦略です。隠す人はもし両端のどちらかの箱に確率1でお宝を隠せば見つかる確率を22％から11％に減らせます。（ii）隠す人は（0.3、0.2、0.2、0.3）の確率でお宝を隠します。探す人はもし両端のどちらかの箱を探せば見つける確率を22％から30％に上げられます。

プレイヤーがそれぞれの箱を4分の1で選ぶことがこのゲームの唯一の均衡であり、それゆえお宝が見つかる確率は4分の1であるということを確認することができます。

もちろん、ナッシュ均衡以外の方法でトレジャーハントゲームを考えることもできます。以下が別法です。あなたは隠す人の役割でこのゲームに参加するとしましょう。あなたは悲観的な人で、どんな混合戦略を選ぼうとも相手はそれを正しく予想し、彼にとって最善の（それゆえあなたからすれば最悪の）行動を取ると考えています。もしあなたがすべての確率が等しくはないような混合戦略を選んだとすれば、4分の1よりも大きい確率で隠す箱が少なくともひとつあります。悲観的なあなたは探す人はこの箱を間違いなく開け、それゆえお宝は4分の1より大きい確率で見つかると考えます。その一方で、もしそれぞれの箱に4分の1でお宝を隠せば、探す人は4分の1の確率でしかお宝を見つけられないとあなたは確信できます。結果的に、相手の行動に関するあなたの悲観的な期待を踏まえると、それぞれの箱に等確率でお宝を隠すことになるでしょう。ゲーム理論ではこのタイプの戦略をマックスミン戦略と呼びます。

同様に探す人のマックスミン戦略は4つそれぞれの箱を等確率で探すことだとわかります。そのため、トレジャーハントゲームの均衡戦略とマックスミン戦略が同一だとわかりました。これは偶然ではありません。このゲームはゼロサムゲームだと言いました。私にとってよいことはどのようなものでも相手にとって悪いことであり、逆もまた然りです。マックスミン定理と呼ばれるゲーム理論の中心的な結果によって、(トレジャーハントゲームだけでなく)すべてのゼロサムゲームではナッシュ均衡戦略はマックスミン戦略と同一であることがわかります。このようにして、ゲームを見る2つの見方は、それらは一見まったく異なっているように思えますが、利害関係が完全に相反しているようなゲームでは相等しい結論を導くことが明らかになります。

トレジャーハントゲームに戻りましょう。少しの間、あなたは探す人だと想像してください。もしあなたがゲーム理論の予測を信じていれば、あなたはそこまで不安ではありません、なぜならあなたはお宝はそれぞれの箱に等確率で隠されていると知っているからです。それゆえどの箱を開けても違いはありません。

しかし、5500人の隠す人の調査結果に照らすと、あなたが実際には注意深く選択することを願わずにはいられません。箱（A、B、A、A）の選択肢の分布は（19％、25％、34％、22％）でした。中央の「A」と記された箱が調査に参加した学生たちのほとんどすべてのグループで最も人気でした（私はなぜ「B」と記された箱がオランダのティルバーグ大学のとても大規模なグループで最も人気だったのかわかりません）。もしこれらのデータがあなたの相手の隠す人の行動を予見しているとしたら、真ん中のAの箱を選べば、お宝を見つける確率は34％に上がるでしょう。

他の調査では、3500人の学生がランダムに隠す人と探す人に割り振られました。隠す人の間では、分布は大規模なサンプル集団ととてもよく似ていました（17％、25％、35％、23％）。探す人の間では結果ははるかにドラマティックでした（11％、27％、47％、15％）。この結果を受けて、私はもし私がお宝を隠していたら左端の箱に入れていただろうし、89％の確率でお宝は私のものとなり、ゲーム理論が予想する75％よりも大分高い成功確率だったのだなと考えました。

これこそ「有用」な発見です。

私が2003年にサダム・フセインを打ち倒そうとするアメリカ空軍の戦略アドバイザーだったとしましょう。そしてバグダッドにはチグリス川に沿った4つの公邸が図の4つの箱のようにあり、そのうちの（「B」と記された）ひとつが最も目立っていたと仮定しましょう。そしてひとつの公邸しか空爆できなかったとします。

彼らはバグダッドでこの研究結果を読んでいないと私が仮定したとしたら、私は中央のAと記された公邸を攻撃するよう勧めていたでしょう。

もしサダム・フセインのアドバイザーがこの研究結果を読んでいて、アメリカ空軍はそうでなかったと私が考えていたとしたら、相手のアドバイザーは両端のどちらかの公邸に隠れるようアドバイスしているでしょうから、私はアメリカ空軍にそのどちらかを攻撃するよう勧めていたでしょう。

そしてもしこれらの研究がワシントンとバグダッドで読まれていることが周知されていたら、私は何もアドバイスできなかったでしょう。

いずれにせよ、もしこの発見が有用で、善用なり、悪用なりされる（それは活用する側によります）としても、それはゲーム理論のツールを使ったゲーム分析とはまったく関係がないのです。

1998年

何年にもわたって利己心や狡知を潜在的に促進しうるという理由から、ゲーム理論を教えることは有用でないどころか有害でさえあると思っていました。

1998年に、テルアビブ大学の経済理論セミナーにすばらしい学生たちが集いました。参加者たちのほとんどは兵役の一部として学問研究を行っており、彼らは軍服を着ていたため「将校たちのセミナー」とあだ名されていました。私は彼らに、ゲーム理論を教えることは有害であると証明するというミッションに取り組んではどうだと提案しました。

私たちは架空の意思決定問題を含んだアンケートを作りました。ある種の決断からエゴイスティックでずる賢い行動の傾向が見られるのではないかと考えていたのです。ゲーム理論の授業を取りはじめた学生たちと、すでにそれを終えた学生たちの両方にアンケートに答えてもらいました。この2つのグループの回答を比較することによって、学部レベルでゲーム理論を学ぶと学生たちはより利己的でずる賢くなることが明らかになると期待していました。しかし、そのような結果は起こりませんでした。私たちはゲーム理論がどんなものに与えるどんな効果も発見できなかったのです。しかし私は、今でもそのような効果が存在すると思っています。

『ビューティフル・マインド』

1994年のナッシュのノーベル経済学賞受賞を多くのジャーナリストが書き立てました。だれもがゲーム理論を称賛しました。

ノーベル賞の発表は単なるゲーム理論の凱歌以上のものだと気づいたのはシルヴィア・ナ

サーだけでした、それは強い人間味を帯びた出来事だったのです。

彼女は『ニューヨークタイムズ』に全面2ページを超える記事を出し、ナッシュを3つのステージに分けて描きました。若くハンサムな天才、牧歌的なプリンストンのキャンパスをゴーストのようにさまよう病人、そして最後はハッピーエンディングです。ナッシュは回復し、仕事に復帰しノーベル賞を受賞します。

その記事は人々の心を打ち、ナサーはナッシュの深い知性と妄想に潜っていく本を書くことになりました。その本は成功し、映画化されるまでになりました。大衆的な観点から見れば、その本と映画は何百万人もの人々を精神病とそれに苦しむ人々への差別に注目させ、患者とその家族に新たな希望を注ぎました。

映画には不正確な点がいくつもあります。たとえば、ナッシュがノーベル賞に選ばれたと通知された後に、印象的なシーンがあります。ナッシュはファインホールのコーヒールームに座っていて、教授たちがかわるがわる彼のところにやってきてペンをテーブルに置いて行くという、学問的敬意を表するセレモニーのシーンです（このシーンは本書の英語ウェブサイトで見られます。http://www.possibleworlds.co.il/agadotE/）。

私は偶然その場にいました。

1994年10月11日

その朝、ジョン・ハーサニ、ラインハルト・ゼルテンとナッシュが「非協力ゲーム理論での先駆的な均衡分析によって」ノーベル賞を共同受賞するという発表がなされました。

プリンストン大学はその発表に困惑しました。ナッシュは当時大学に正式には所属していなかったのです。ただ好意だけから、大学は彼にコンピュータ・アカウントを与えました。ナッシュはプリンストンの数学科と親密で、プリンストンの街中に住んでいました。そこは彼を気遣う世界中の大多数の人々にとっての故郷でもありました。ノーベル賞受賞者がプリンストンから出たが、プリンストン大学からではないとどう世界に説明すればよいのでしょうか?

大学当局と相談した結果、数学科はナッシュの受賞に乾杯するための控えめなお祝いの席を設けることにしました。その学科の談話室で、たまたまその場にいた学生たちとわずかばかりの経済学の教授たちと一緒に多くの数学の教授たちが集まりました。大学上層部の人間もいましたし、確かカメラマンもいました。セレモニーの開始はあまり明確でない理由で遅れました。グラスが掲げられ、少数のごく簡単なお祝いの言葉が述べられました。主賓は沈黙の権利を保持していました。参加者たちが飲み終えたとき、よくある気まずさが部屋に広がりました。

ナッシュはひとりで部屋の中心に立ち尽くしていました。だれも近づいていきませんでした。彼は軽食のテーブルに歩いて行き、私とテーブルの近くに立っていた人に言いました。「今日のクッキーはいつもよりおいしいよ」。私の知る限り、ペンセレモニーはどこにもありませんでした。それになぞらえられるようなセレモニー的なことさえ行われませんでした。ナッシュは大学からオフィスとプリンストンのファカルティクラブに入れるIDカードをもらいました。しかし、ナッシュを映画のように「マスター」と呼ぶ人はだれもいませんでした。

ピックアップバー

ハリウッドがゲーム理論を説明しようとするとどうなるのでしょうか？

映画のあるシーンで（これも本書の英語ウェブサイトで見ることができます。http://www.possibleworlds.co.il/agadotE/）、若かりしナッシュを含んだ学生のグループがピックアップバーに入ります。どの子にアプローチするか？　だれからもアプローチされないとわかってようやくあなたに返事をするような高慢だが魅力的な金髪の女性にするか、はるかに成功率の高い平凡な栗毛の女性のだれかにするか？

バーでこのような経験をしたことがなくても、ここに戦略的思考の余地があることはわかり

列プレイヤーの男性の選択

行プレイヤーの選択	金髪	栗毛
金髪	ひとりで過ごす	金髪と過ごす
栗毛	栗毛と過ごす ねたみとともに……	栗毛と過ごす

ます。合理性の手下は彼の友人がどんな行動に出るかを予想しつつターゲットを選ぶでしょう。

話を単純化して、ナッシュはバーにひとりの友人（映画では4人でしたが）と行くと仮定しましょう。そして、魅力的な金髪にしようか、栗毛の中のひとりにしようかと、それぞれ思案しています。映画のように、2人とも金髪を選ぶなら彼女は2人共に背中を向けて、その夜は男2人だけになってしまうと仮定しましょう。もしどちらかひとりだけが金髪を選ぶなら、彼はだれもが欲しがる人と過ごせますがもうひとりは魅力の劣る栗毛で妥協しなければなりません。もし2人とも金髪にアプローチをかけなかったら、2人とも栗毛とその夜を過ごせるでしょう。

このお話は、上の表のように表せます。

ひとりのプレイヤーは行を選択肢に持ち、もうひとりは列を持ちます。それぞれの枠は行を選ぶプレイヤーから見た結果を表しています。たとえば、もし行のプレイヤーが金髪を選び、列のプレイヤーが栗毛にするならば、結果は行のプレイヤーから見ると金髪を得ることになります。

	金髪	栗毛
金髪	0	4
栗毛	1	2

この記述はゲーム理論の慣例的な言語によって状況を表すのに役立ちます。それぞれの枠にその結果から得られるプレイヤーの効用を表す数字が入っています。もしある枠にあてられた数字が他のより高いとすれば、それは前者の結果を後者より望んでいることを意味します。

最も大きい数字の4は、行のプレイヤーが金髪と過ごす結果にあてられています。最も低い数字の0はひとりきりでいることにあてられています。中間の2つ（1と2）は行のプレイヤーが栗毛の腕の中で過ごす可能性です。彼の効用はもう片方のプレイヤーが金髪の心を手に入れられなかったときに増加します。

ゲーム理論の文脈では、このゲームは**チキンゲーム**と呼ばれています。ナッシュ均衡は2つあります。ひとつめでは、ナッシュが金髪を選び友人は栗毛で満足します。2つめでは、ナッシュが栗毛で満足し友人が金髪を選びます。

純粋な興味から、「ゲーム理論とジョン・ナッシュ」の講義で学生たちにこのゲームをプレイしてもらいました。3000人の男子学生のうち約46％と1500人の女子学生のうち48％が金髪を選びました。オランダとイスラエルの学生が最も大胆でした。男子学生と女子学生の56％が金髪を選びました。ただし、この結果がバーにおける戦略的大胆さの表れなのか、単純に髪の色の好みの違いなのかはわかりません。

映画の中のゲームの議論は混乱していて誤解を招くものです。映画の中でナッシュは、アダム・スミス以来経済学で受け入れられている原則に矛盾を見つけたと言います。

アダム・スミスは個人に最善な結果をみなが得ようとすることでグループ全体にとって最善の結果が得られると言った。彼は間違っていた。グループにとって最善の結果は、自身とグループにとって最善の行動をみながとろうとすることで得られるんだ。

スミスのものとされるメッセージは映画の中で単純化され過ぎています。一体どのような意味で各個人の自分への関心が最善の結果を生むのでしょうか？　異なる利害関係を持つ個人を含むグループにとって最善とはどういうことでしょうか？　いずれにしても、もし人々が利己的に行動したらその結果はグループにとって人々が社会的に責任ある行動をした場合より悪くなるだろう、と言ったナッシュの発見はバーのシーンではあまりうまく示されていません。

このアイデアは**囚人のジレンマ**と呼ばれるゲーム——ゲーム理論を説明するのに頻用されすぎていくらか陳腐になってしまったゲーム——にはっきりと表れています。囚人のジレンマには、軽犯罪で捕まったものの、実は重罪を犯したと疑われている2人の囚人が登場します。しかし、囚人のジレンマゲームは次のようにも表せます。

通りに何人もの住人が住んでいて、その通りの清潔さは住人たちが道を掃除するか否かで決まります。第一に、隣人の行動は変わらないとしましょう。このとき、自分がサボってわずかに環境が悪くなるとしても、そのほうが掃除をする面倒よりもましだとしましょう。第二に、すべての住人は、自身を含め全員が怠けて悪臭の中に住むよりは、全員が掃除する状況のほうを好むとしましょう。もちろん、各住人は自分の行動だけを決めることができます。

このゲームはプレイヤーが他者の立場に立つ必要はありません。他のプレイヤーの行動をどう予想しようとも、各人にとって最善なのは掃除をしないことです。結果的に、もしすべての住民が合理的ならば、だれも掃除をせずに通りが臭うという残念な結末になります。それぞれのプレイヤーは自分の利益を増やそうとだけ考え、その結果はすべての住民が掃除するより悪くなるのです。

私の知る限り、囚人のジレンマゲームはアルバート・タッカーによって定式化されたもので、彼はゲーム理論へのナッシュの貢献とは何も関係がありません。

ビューティフル・マインド

映画の中のナッシュは幻聴をなんとか克服しようとし、愛情を込めて妻に白いハンカチを差し出すとき人生の真の意味を悟り、そして学問の世界に戻ってきます。もし私が映画のエンディングを選ぶなら違うもの、少し哀愁漂うものを選ぶでしょう。

ナッシュは回復する過程の中で失ってしまったものもあると自伝に書いています。彼は非合理的だった期間を「夢のように幻想的な仮説に満ちた」ときだったと述べ、「科学者にありがちな方法で再び合理的に考える」状態に戻る過程は「完全に喜ばしいものではなかった」、なぜなら合理的な思考は「宇宙と人間の関係性を限定してしまう」からだと書いています。

ナッシュの物語は彼が抽象数学の世界の中の記号から人間らしい存在へと変容する旅です。正気をなくした天才というタイトルは私たちにとって別世界との出会いへの招待状です。私たちはナッシュが聞いた声を想像し、私たちの間を歩きながらも孤独であった30年もの間、彼がどこにいたのか訊ねようとします。私たちは自分たちと異なる人間を恐れると同時に、そういう人間に魅力を感じます。好奇心と恐れを持ちながらも、私たちは偏見と向き合い、精神を患う人はたとえ私たちと異なっていようとも、私たちの一員に値するのだと認めようとします。

私にとって、ナッシュの旅の重要な場面とゲーム理論が経済学の辺境から中心へ至る発展に立ち会えたことは幸運でした。

ではは私はゲーム理論に何を見出したのでしょうか。ビューティフル・マインドです。ゲーム理論は面白いものです。なぜなら私たちが世界を考える方法に触れるからです。それは美しいものです。なぜならそれは混乱しているように見えるものに明快な定式化を与えるからです。それは私が哲学、数学、論理学そして文学に見出したものと同じ面白さと美しさです。そして、もし私がまだ気づいていない回り道の中でゲーム理論が有用でもありえるのならば、それは大変すばらしいことです。しかし、私にとっては、有用性は基準でも本質でもありません。

第3章

ジャングルの物語と市場の物語

The Jungle Tale and the Market Tale

魅惑的なモデルに関する試論

本章では、2つの経済学概論を開講します。

ひとつめはジャングル経済概論です。この講義は他では学べない独自のものです。ルブングル大学という、ジャングルの奥地にある大学のわらぶき小屋で聴講しているところを想像してください。この講義の目的はジャングル経済の基本的な考え方を伝えることです。

2つめの講義は市場経済概論です。この講義を聴講するために、わざわざ遠く離れた異国の地に出かける必要はありません。手近の経済学部で取ることができます（この由緒ある学部に入れるということが前提ですが）。多くの人々が、出世するには必要不可欠だと信じて、この講義を受けに殺到します。ある人は、経済銀河系――私たちが住んでいる近くの銀河系や、遠くても私たちに住んでもらいたいと思っている銀河系――への道標と見なしています。当該講義の目的は、市場経済の基本的な考え方を伝えることです。

どちらの講義でも、経済学のしきたりに従い、その考えをモデル――物語や寓話――を通じて示すことにしましょう。できれば証明つきの命題とともに、これらのモデルを提示したいと思います。ただし、数式は用いません。確かに数学という言語を用いれば、その言語を知っている一部の人には伝えやすいのですが、他の人々には理解不可能な障壁となってしまうでしょう。

本章を通じて、ジャングルについて、市場について、ジャングルについて、市場について、というように、議論が行ったり来たりします（訳注：本文のフォントを変えてあります）。議論が完了した後、やや陳腐な問題を出します。

「これら2つの経済の類似点と相違点は何でしょうか」。

ジャングル経済概論

淑女・紳士のみなさま、有能な学生のみなさま、ジャングル経済概論にご参加いただきありがとうございます。本講義では、私たちの社会において実践されている経済システムの原理を学びます。ここでは、**鉄の手**——見えざる手ではない——がいかにして政府の介入なくして効率的な結果をもたらすかを見ることにします。

ご存知のとおり、みなさんは、ルブングル・ジャングル大学において、最も人気の高い講義に参加しています。本講義の受講許可を得る前に、ＪＡＴ（ジャングル適正試験）に合格されていることと思います。みなさんは、射撃と腕立て伏せに優れていることでしょう。しかし、実際のところ、ここで議論する原理は簡単なもので、みなさんが示した技能は講義内容を理解するために必要不可欠なものではありません。あなたの右隣りの人、ついで左隣りの人をよく見ておいてください。来年も彼らは隣にいることでしょう。

経済学とは何でしょうか？　この質問を投げかけるに当たって重要なのは、みなさんの頭の中に新しい知識を詰め込むことではなく、むしろみなさんの頭の中から余分な知識を取り去ることです。みなさんの経済学に対する印象は主に新聞の経済面に基づいていることでしょう。しかし、学問上の経済学は、みなさんが経済学と呼び習わしているくだらない表や風評とは無縁のものです。経済学者の主要な役割は、利用可能な財を定め、それらを個人間で配分する社会制度を研究することです。もし、ジャングルの複雑な環境の中で成功するための秘訣をこの講義から得られると考えているとしたら、失望することになるでしょう。ジャングル大学の教員たちは、職業訓練を提供するわけではありません。実践的な訓練に関しては、栄えある軍人のみなさんにお任せすることといたしましょう。

ジャングル経済の研修生たるみなさんは、常識を働かせれば、うまくこの社会で成功を収めることができると確信しています。みなさんがここまで来られたのは、ご自身とご先祖様が社会の荒波を乗り越えてきたからです。そのような方々に、私のような学問上の問題で頭がいっぱいの人間が役に立つ忠告ができるとは思えません。私たち研究大学における本講義の目的は、純粋に、そして単純に、みなさんの好奇心を満たし、言語を豊かにし、新しい、これまで親しんでこなかったような考え方に触れていただくことにあるのです。

ジャングルでは、経験上、利害の一致と不一致が交錯しています。共同作業によってのみ達成できる事柄があります。ほとんどすべての生産活動は多くの人による共同作業を必要とします。私たち全員が使命を全うすべく行動することが肝要です。にもかかわらず、どの社会でも――私たちの社会のように栄えている社会でさえ――利用可能な資源には限りがあります。みなが好きなものをできるだけ多く得ようとしますし、ある人が好きなものは得てして他の人も好きなものです。

私たちの見方では、経済学は共通の目的を達成し、利害の不一致を解消するための道具に他なりません。経済的な視点は、より広い社会的政治的なものの見方の一部です。経済と政治を分離しようと試みている国があることは承知しています。政治システムを通じて民主的に決定されねばならない経済的な課題は、あたかも専門的な事柄だと見なされ、専門家の手に委ねられています。これは社会の中の相対的に強力な成員（偶然にも、専門家集団を含んでいますが）を利する策略だと考えられます。この講義では、私たちの経済システムが混沌に秩序をもたらし、所有物の効果的な配分を実現し、領土拡張の野望をかなえるものだという点を見ていくでしょう。

ジャングルには見えざる手はありません。すべては明瞭かつ単純です。私たちの経済システムは人間の本性を考慮して設計されています。ご存知のとおり、だれしも生まれつき攻撃的なところがあります。無政府主義的思想を信じていると認めることを恥じません。実際、私たちの文化的英雄は無政府主義的思想家なのです。私たちのスローガンは、「貸し借りなし」というものと、「他人を見たら道具と思え」というものです。栄えあるジャングル文化は人類の活力を減じることはないでしょう。攻撃性を称揚し、利用することで、私たちを滅ぼそうとする敵に立ち向かうことでしょう。私たちはまた、これらの攻撃的な情動を制御することで、社会経済秩序の車輪を回す術を知っています。そして、もしみなさんが気持ちが萎えそうになり、攻撃本能の使用を疑うようになったならば、成功は覚束ないものと心得てください。私たちの経済システムがもたらした繁栄を見れば十分でしょう。

本日の講義では、「強い手と伸ばした腕」でつかめるものをつかむべきであると認識することが、無駄が多く、腐敗した政府の介入を防ぎ（少なくとも減らし）、私たちを人間の歴史を通じて失敗し続けてきた中央計画制度から自由にしてくれるのだ、ということを学びます。経済学のならわしでは、ジャングルの経済制度をモデルを通じて理解することになるでしょう。そして、それを愛情を込めてジャングルの物語と呼ぶことにしましょう。

市場経済概論

淑女・紳士のみなさま、有能な学生のみなさま、市場経済概論にご参加いただき、ありがとうございます。本講義では、市場経済の原理を学びます。ここでは、**見えざる手**がいかにして政府の介入なくして、競争的環境において効率的な結果をもたらすかを見ることにします。

みなさんが、当大学において、最も人気の高い講義に参加しておられることに敬意を表します。本講義の受講に当たってみなさんは、とりわけ期末試験にとって重要な択一式の試験でのみなさんの能力を測るものであるＳＡＴ（学業適正試験）で優秀な成績を取られたことと思います。市場経済概論は挑戦しがいのある講義です。ポール・サミュエルソンが言っていたように、「あなたの右隣りの人、ついで左隣りの人をよく見ておいてください。来年には彼らのうちのひとりはいなくなることでしょう」。

この講義を始めるに当たって、ひとつの問いを投げかけさせていただきたいと思います。経済学とは何でしょうか？　経済学は個人と社会の意思決定プロセスにかかわっています。経済学は人々がどのように意思決定するかを分析します。たとえば、息子を大学に入れるべきか、自動車を買い与えるべきか。医療制度を開発すべきか高速道路を建設すべきか。余暇を増やすべきか稼ぎを増やすべきか、など。経済学は限られた資源を有効利用するのに役立ちます。政府の方策や環境の変化によって生み出される変化を予測することができます。経済学は公的だろうが私的だろうが、ほぼすべての課題に対し、口をはさむことができます。経済学は合理的に生きる一助を提供してくれます。

私たちは、社会には利害の一致があれば不一致もあるということを了解したうえで行動しています。繁栄と成長という目的を実現するために、私たちはみな生産を増やすために、一生懸命協力して働く必要があります。しかし、どの社会でも――私たちの社会のように栄えている社会でさえ――利用可能な資源には限りがあります。そして、みんななるべく少ない労力でなるべく多くの物を得ようとします。市場経済は共通の利害を促進し、利害の不一致に備えるべく設計されています。

私たちの経済システムは、人間本性の理解の上に成り立っています。私たちは一人ひとりに内在する利己心を認識したうえで、それを経済的な繁栄に利用しています。私たちのシステムは、個人の富への欲求を制御して経済秩序を強くする燃料としています。アダム・スミスが述べたように、「すべての個人は……見えざる手に導かれて、意図せざる目的を促進する。社会の目的と個人の意図が合致していないことが必ずしも悪いということではない。自分自身の利益を追求することで、彼は社会の利益を促進しようと努めるときよりも効果的かつ頻繁に社会の利益を促進するのである」（『国富論』第4巻、第2章）。

本日の講義では、個々人が他人を慮ることなく自分自身の富を最大にしようと努力することが効率的な結果につながると認識することが、無駄が多く腐敗した政府の介入を防ぎ（少なくとも減らし）、私たちを人間の歴史を通じて危険であると証明され続けてきた中央計画制度から自由にしてくれるのだ、ということを学びます。

本講義には実践的な目的もあります。みなさんは卒業後、多くがエコノミスト、経営者、商人、銀行家といったものになるでしょう。市場制度を理解しておくことはどの道を選んでもプラスになります。この講義は、一般大衆を困惑させるような経済的な疑問を知的に考える手助けをしてくれます。経済的な施策が人気取りの政治家の手に握られていて、本講義が教えることを実行し、世界を正しくすることができる経済学の専門家の手にないことは、とても不幸なことです。

経済学のならわしでは、市場の経済制度をモデルを通じて理解することになるでしょう。そして、それを愛情を込めて市場の物語と呼ぶことにしましょう。

ジャングルの物語

私たちの部族の領土はいくつかの土地に分かれていて、私たちのために土地を奪取してくれる名士、英雄的な戦士たちが住んでいます。戦士の数は土地の数と同じだとしましょう。ひとつの土地にはひとりの戦士のみ住むことができ、ひとりの戦士はひとつの土地にのみ居住できます。土地にはそれぞれ異なる特徴があります。

戦士たちは各自自分自身の好みで土地に順序をつけています。戦士間に利害の不一致があるため、混乱が生じると思うかもしれません。複数の戦士が、同一の土地を選んだ場合、「私に

戦士	A	B	C	D	E	F
戦闘力	55	50	45	40	35	30
選好順位						
1	ブドウ畑*	ブドウ畑	油田*	ビーチ	ビーチ	ナイトクラブ*
2	油田	ビーチ*	森	油田	ブドウ畑	油田
3	ナイトクラブ	油田	ブドウ畑	森*	油田	墓地
4	ビーチ	森	ビーチ	ナイトクラブ	墓地*	ブドウ畑
5	墓地	ナイトクラブ	ナイトクラブ	ブドウ畑	森	森
6	森	墓地	墓地	墓地	ナイトクラブ	ビーチ

権利がある」とか、「私が最初にここへ来た」とか、「神がこの地を私に約束した」とか、「私の祖先は3000年前にここにいた」などと主張しはじめるでしょう。本講義では、ジャングルの掟がどのようにこれらの土地を戦士間で配分するかを見ます。

例として、この部族が6つの土地を保有していたとしましょう。うちひとつは**石油**が採れ、ひとつには**ビーチ**があり、また別のものには**ブドウ畑**、もうひとつには深い**森**があります。グル1世の**墓地**は遠く離れた場所にあり、大都市には有名な「欲望」という名の**ナイトクラブ**があります。6人の戦士たち、A、B、C、D、E、Fは、自分の土地を選んで居住することになります。

上の表において、それぞれの列は各戦士の土地に対する好みを高い順から低い順へと並べています。各戦士の下にある数字の説明は、少し後でしましょう。現段階では、＊印は無視してかまいません。

この状況では、戦士全員の望みをかなえることは不可能です。2人の戦士AとBがブドウ畑を第一希望にしており、DとEの2人がビーチを第一希望にしていますが、ブドウ畑もビーチもひとり分しかないからです。Cは石油の匂いを嗅ぎたいと考えており、Aは石油を第2希望にしています。しかし、Aがもし油田を得るならば、AとBのブドウ畑を巡る積年の争いは解消され、ジャングルには平和が訪れることでしょう。

土地を配分するために、なんらかのメカニズムが必要ですが、私たちはさまざまなメカニズムを思い浮かべることができます。ひとつのメカニズムはくじ引きです。土地をくじ引きによって当選者に分け与えるのです。戦士たちはくじ引きの結果に不平を言うかもしれませんが、たとえ同意したとしても交換することはできません。このメカニズムは聖書の時代から知られています。「ただし地は、くじをもって分け、その父祖の部族の名にしたがって、それを継がなければならない。すなわち、くじをもってその嗣業を大きいものと、小さいものとに分けなければならない」(民数記/26章55–56節、一般財団法人　日本聖書協会HPより口語訳)。ヨシュアが聖書の中でこのくじ引きを行うときには神も登場しました。しかし、ここでは詳細は無視しましょう。

いずれにせよ、ここジャングルでは、乳と蜜で満たされた土地をだれが得て、だれが不毛な砂漠に留まるかということをくじ引きで決めるという考えは受け入れられません。私たちは、「正当理由の基本法則」(Basic Law of Good Reasons) に従わなくてはなりません。それによれば、すべての公的な意思決定は、適正かつ綿密な原理に沿ってなされるものでなくてはなりません。くじ引きは「正当理由の書」の中には記載されていませんし、ヨシュアの手順は最高裁判所の基準にも合わないでしょう。さらに、くじ引きをした後で、できるものなら「とりかえっこ」をしたいと思う不満な個人が多く出るでしょう。ビーチを与えられた泳げない戦士と森を得たものの熊が嫌いな戦士を思い浮かべていただければよいと思います。

もうひとつのメカニズムは組織委員会です。部族の長老たちが村の中心に座り、部族の成員がその前にひとりずつ来て、彼らのニーズと希望を述べていきます。誉れ高い長老たちは（おそらく、最近発明されたスーパーコンピュータを使って）部族の栄光と効率という預言者の意図を実現するために、個人と土地の最適な組み合わせを探します。

しかし、ここジャングルでは、組織委員会に対する信頼はほとんど見込めないでしょう。この種の組織委員会があると、人はいかさまをし、長老を買収しようとすることがよく知られています。このようないかさまが横行するからこそ、私たちは「神との聖約」のみならず、イスラエルの独立監視組織ＭＱＧのような監視機関にも価値があると信じているのです。

さて、いよいよ繁栄する経済を支えているメカニズムの出番です。私たちの社会における土地の配分は戦士たちの相対的な戦闘力によって決まります。どの組み合わせをとっても、戦士間の戦闘力の差は明確に決まります。第１の戦士が第２の戦士より強いか、その反対に第２の戦士が第１の戦士より強いかです。さらに、もし第１の戦士が第２の戦士より強く、第２の戦士が第3の戦士より強いならば、第1の戦士は必ず第3の戦士よりも強いとします。表で各戦士に割り当てられている数字はこの戦闘力を示したものです。戦士の強弱と戦闘力の大小が一致するということ以上の意味は数字そのものにはありません。

戦士の戦闘力の順位はジャングルの居住民すべてに知られています。戦士たちは全員自分の戦闘力を最大限発揮する用意があります。ある戦士がもうひとりの戦士よりも強いという事実はただひとつのことを意味します。強い戦士は弱い戦士が保有している土地を奪取することができる、ということです。ジャングルには所有権契約はありません。戦士は土地を保有することができますが、それを欲する他の者からそれを守る権利は持ち合わせていません。私たちの経済では、市場経済と異なり、交換は利害の一致を必要としません。強い者が土地を弱い者から取る、それだけです。

ある戦士が自分より弱い戦士が保有している土地を欲する場合、その弱者に歩み寄り、慇懃にあいさつをして、両者の強弱を確認します。最悪の場合には、儀に適った殴り合いの応酬の後、弱い戦士のほうがおとなしくその場を去ることになります。このように行動するだろうという思いつきは——私たちも結局その一部である——自然界から得たものです。自然界では、わざわざ戦わずとも、強い動物が弱い動物に対してその力の差を見せつけるだけでよく、結果的に弱い者はその場を去ったり、つかまえた獲物を放棄することになるのです。

私たちの物語では、戦士たちは本物のジャングル同様、同盟を組んでその仲間の利害のために肩を寄せ合って戦うことはできません。拘束力のある合意文書に署名するという法的措置が採れないため、たとえ結託することが得策だと気づいたとしても集団を組織するのは不可能だと知るでしょう。加えて、私たちには他の戦士に実力行使をするために集団を組織するのを禁じる独占禁止法があります。

他の物語と同様に、ジャングルの物語は現実をそのまま模写したものではありません。しかし、その物語は複雑なものを単純化し、ある要素を捨象することによって、ジャングル経済の作動原理を理解できるようにしてあります。たとえば、戦闘力の差が2人の戦士の間の利害のすべてを解決できるとしています。攻撃する際には、強い戦士は弱い戦士の土地を奪うことができるとしていますし、守る際には、強い戦士は弱い戦士から土地を奪われる懸念はないとしています。他方、現実の社会では物事はもう少し複雑でしょう。不確実性もあるでしょう。ダビデがゴリアテを打ち破ったように。

モデルに含まれていないもうひとつの現実的な要素は、土地からの撤退は、撤退する側にも奪取する側にも負担が発生するというものです。これらの負担があると、場合によっては、強い戦士が弱い戦士を攻撃するのを防ぐかもしれません。これらの負担はものによっては、撤退費用のように実際に発生するものでしょう。加えて、弱い戦士は判断を誤って、強い戦士の要求を拒否し戦闘が起こることで、強者側もなんらかの代償を支払うことになるかもしれません。これらの負担のうち、あるものは精神的なものでしょう。私たちの戦士は繊細な心を持っていて、弱者を追い出さざるをえないというときに不快感を覚えるかもしれません。

まとめると、ジャングルの物語は戦士と土地を導入し、戦闘力の記述をし、土地に関する各戦士の選好を記述するところから始まるのです。

市場の物語

私たちの社会の領土は、いくつかの土地に分かれているとします。何人かの商人が市場で活動しており、各々異なる土地を所有しています。所有者のいない土地はありません。ひとつの土地の所有権は複数の商人の間で分割することはできず、各自はひとつの土地しか所有することができません。各土地にはそれぞれ異なる特徴があります。商人たちは各自自分自身の好みで土地に順序をつけています。

例として、この市場には6つの土地と6人の商人がいるとしましょう。表では各々の列は商人に対応しています。列のいちばん上の土地の名前が、各商人が最初の段階で所有しているものです。後は、各商人の土地に対する好みを高い順から低い順へと並べています。現段階では、＊印および価格の行は無視してかまいません。

商人	A	B	C	D	E	F
所有権	ビーチ	油田	墓地	ブドウ畑	ナイトクラブ	森
価格	25	21	10	25	10	10
選好順位						
1	ブドウ畑*	ブドウ畑	油田	ビーチ*	ビーチ	ナイトクラブ*
2	油田	ビーチ	森*	油田	ブドウ畑	油田
3	ナイトクラブ	油田*	ブドウ畑	森	油田	墓地
4	ビーチ	森	ビーチ	ナイトクラブ	墓地*	ブドウ畑
5	墓地	ナイトクラブ	ナイトクラブ	ブドウ畑	森	森
6	森	墓地	墓地	墓地	ナイトクラブ	ビーチ

もしかしたら、土地を配分しようとすると極度の混乱が生じるかもしれません。複数の商人がひとりの商人の元にやってきて、口々に、「私にこそふさわしい」とか、「もっといいものをあなたにあげよう」とか、「私が最初に来たのを忘れたのかな」とか、「おれと取引しろ。さもないと、追い出すぞ」とか言って、交換を迫るかもしれないのです。本講義では、市場制度がどのようにして取引に秩序を与え、土地の安定的かつ効率的な配分をもたらすかということを学びます。

私たちの経済は、所有という概念を神聖なものとして尊重します。ある土地を所有しているということは、何人であろうとその所有者の意思に反して土地を所有者から取り上げることはできない、ということを意味します。ここはジャングルではないのです。取引する当事者の一方のみの欲求では、それがいかに強いものであろうとも、交換が成立するためには十分ではありません。各取引には2人の商人の利害の一致が必要です。人類は長い時間をかけてジャングルの掟から所有と契約の法へと移ってきました。私たちの憲法の最初の戒めは、何人も他の人に何かを押しつける権利を持たない、とくに何人も他の人から力づくで何かを奪い取ることは認められない、というものです。すべては、――たとえ、各商人が弁護士を伴っていたとしても――礼儀正しく執り行われます。各人は好きなことをすることができます。もちろん、予算制約の下でなら、という条件つきですが。

私たちのモデルにおける所有の概念は単純化され過ぎているということは承知しています。ときおり、所有に関して争いが起こり、当事者同士の暴力沙汰に発展することもあります。私たちの法システムは2人の人が互いに「この土地は私のものだ」と言って、同じ土地を占有しようとする状況を防ぐように設計されています。

私たちのモデルでは、商人は個人として行動します。彼らは、よりよい資産を得るために、市場において集団で協調行動を採ることは禁じられています。そのような結託は、実社会では――ときどきではありますが、効力を発揮する――独占禁止法によって禁じられています。

このモデルは取引費用の存在を無視しています。取引費用は、法的費用や移転費用といった実際にかかる費用、および精神的費用――商人は、自分が大きく得をしても取引相手が微々たるものしか得られないと、心が縮みあがってしまうような繊細な神経の持ち主なのです――といったものを含んでいます。モデルを拡張して取引費用を組み入れるようにするのは、この概論ではやめておくことにします。

まとめると、市場のモデルは、商人と土地を導入し、土地の所有者を明記し、土地に関する各商人の選好を記述するところから始まるのです。

ジャングルの物語の解

すべての物語には終わりがあります。ジャングルの物語の結末は、配分——すなわち、どの戦士がどの土地を得るかということを記述したもの——でなくてはなりません。可能な配分はとても多く、その数は戦士の数が増えるにしたがってすごい速さで増加していきます。6人の戦士と6つの土地があるだけでも、可能な配分の数は720に上ります。私たちにとって関心があるのは、不安定な状況を作り出す力が作用しないような結末——どの戦士も力ずくで弱者の土地を奪うことに関心を持たなくなるような結末——です。

ファンファーレとともに登場してもらうのは、物語の結末を定めるために私たちを導いてくれる解概念です。

定義：土地の戦士への配分が**ジャングル均衡**であるとは、どの戦士も自分より弱い戦士が保有している土地を自分の土地よりも好むということがない状態のことである。言い換えると、ジャングル均衡でない配分とは、自分より弱い戦士が保有している土地に目をつけており、それを奪取しようとしている戦士がいるような状態である。

一般的には、経済学における均衡概念を定義した後に、この定義にある条件がきびし過ぎて、結末がなくなってしまうということがないということを確かめます。ここでもまた、戦士たちの好みや力関係にかかわらず、どのジャングルの物語にもジャングル均衡があるということを証明します。この種の主張は存在定理と呼ばれています。存在定理の証明には高等数学が使われることもしばしばありますが、ジャングルのモデルでは、基本的な論理推論しか必要としません。

ジャングルの主張1：どのジャングルの物語の設定を用いても、ジャングル均衡となる物語の結末が存在する。

証明：この主張を証明するために、常にジャングル均衡をもたらすアルゴリズムを構築する。このアルゴリズムは右の主張を証明する道具にほかならない。それは想像上のプロセスであり、実際のジャングルでの動きを記述するような意図はない。

戦士たちをひとりずつ、強い者から弱い者へと順に、召喚する。まずはじめに、いちばん強い戦士にすべての土地の中から好きなものを選ばせる。続いて、2番目に強い戦士を呼び出し、一番目の戦士が選んだ土地以外のすべての土地の中から好きなものを選ばせる。このようにして、順々に強い者から呼び出し、すでに選ばれたものを除いた土地の中から好きな土地を選ばせる。各戦士は、選択可能な土地の中から自分にとって最も望ましいと考える土地を選ぶ。

このアルゴリズムを適用した結果得られる配分は必ずジャングル均衡となる。なぜか？　このアルゴリズムが各戦士に割り当てる土地は、その戦士よりも強い戦士によって取られていない土地の中で、その戦士にとって最良のものである。言い換えると、自分より弱い者に割り当てられているどの土地よりも望ましい土地を手にしている。したがって、どの戦士も自分より弱い戦士を攻撃しようとは思わない。もちろん、自分が選んだ土地よりも自分にとって望ましい土地というのは存在しうる。しかし、これらの土地は自分より強い戦士によって占有されており、それを奪取することはできないのである。

証明で導入されたアルゴリズムを前出の6つの土地の例に適用してみましょう。戦士Aがまず呼び出され、ブドウ畑を選びます。次に戦士Bが呼び出されます。この戦士は本当はブドウ畑が欲しいと思っています。しかし、その土地はすでに戦士Aに占有されています。Aの選択の後に残されている土地の中からBはビーチを選びます。戦士Cは、彼がいちばん上に挙げている油田を得ます。なぜならこの土地は最初の2人に取られていないからです。戦士Dは、最初の3人の強い戦士たちが選んだブドウ畑、ビーチ、油田以外の中から選ぶこととなり、森に落ち着きます。戦士Eは墓を取り、最も弱い戦士Fは唯一残されたナイトクラブを得ることとなります。土地の配分は、ジャングルモデルの表の*印で表されています。

戦士Fにとって幸運なのは、この土地は彼が最も望んでいた土地だということです。

ここまで見たように、ジャングルモデルでは、配分の安定性を阻害する力が殺がれるような結末がひとつ存在することがわかりました。しかし、この解概念を危うくするもうひとつ別の問題があります。ジャングル均衡に合致する結末が数多くありえるという懸念がそれです。可能な結末が多すぎると、解概念は面白味のないものになってしまうでしょう。しかし、心配する必要はありません。戦士の好みと力関係にかかわらず、均衡はたったひとつしかないのです。この均衡は、もちろん力関係と戦士の好みに依存して変わってきます。

ジャングルの主張2：どのジャングルの物語の設定を用いても、ジャングル均衡となる物語の結末はひとつのみである。

証明：ジャングル均衡となる配分がひとつしかないことを示すために、どのようなジャングル均衡をとってきても、各戦士が手に入れる土地は、ジャングルの主張1の証明で使われたアルゴリズムによって各戦士に配分された土地と同じものになるということを示す。

第一に、この点はいちばん強い戦士に関しては真であることを示そう。ジャングル均衡によれば、この戦士は自分が占有している土地より望ましい土地は他にないことになる。したがって、均衡においては、すべての土地の中で、このいちばん強い戦士は自分が最も好む土地を手に入れることになる。この土地は、前出のアルゴリズムによって割り当てられた土地と一致する。どの戦士に関しても均衡において得られる土地がアルゴリズムによって割り当てられた土地と同じである、ということを示すために数学的帰納法という方法を用いることとする。

帰納のステップ：もし、均衡において、強いほうから順に数えたN人の戦士の各々がアルゴリズムによって割り当てられた土地と同じ土地を占有しているならば、(N＋1) 番目に強い戦士に関しても、同様のことが言える。

帰納法による証明：均衡において、強いほうから順に数えたN人の戦士の各々がアルゴリズムによって割り当てられた土地と同じ土地を占有している、と仮定する。ここから、より強いN人の戦士に割り当てられたN個の土地を除いた残りの土地が弱い戦士たちの手に入る土地であることがわかる。ジャングル均衡の定義により、(N＋1) 番目に強い戦士は、彼よりも弱い戦士が占有している土地よりも自分が占有している土地のほうを望ましいと考える。したがって、均衡においては、N人までの強い戦士たちにアルゴリズムが配分しなかった土地の中では、自分が最も気に入る土地を手に入れることとなるが、これはアルゴリズムが彼に割り当てる土地そのものである。均衡において、最も強い戦士が占有する土地は、アルゴリズムが彼に与えたものなので、帰納法により、このことは2番目の戦士、3番目の戦士、等に関しても成り立ち、したがって、すべての戦士に関して成り立つ。

まとめましょう。ジャングル均衡という解概念は、どのジャングルの物語の設定に対してもただひとつの結末を与えてくれます。

市場の物語の解

6つの土地の例に戻りましょう。商人たちが土地の物々交換をすることで、初期状態から改善できる方法は沢山あります。これらの取引のうち、どれを実行すればよいのでしょうか。商人CとEにとって、墓地とナイトクラブを交換することには価値があります。彼らは実際にそうすべきでしょうか。商人Bは油田を所有していますが、商人Eのナイトクラブと交換すべきでしょうか。Bにとってナイトクラブは現在の所有物よりも望ましくないものの、その交換をしておけば、後ほど商人Eにナイトクラブを与えて、代わりに夢にまで見たブドウ畑を手に入れることができるかもしれません。商人ＤとＥはＡが所有しているビーチを獲るために競い合うかもしれません。商人ＤはＡにブドウ畑を、そして商人Ｅはナイトクラブを与えようと申し出ることもありえるでしょう。商人ＤのほうがＡにとってより魅力的なものを提示できることはＤに有利に働くでしょうか。

市場のモデルの解は、だれが最終的にどの土地を所有するかを記述しなくてはなりません。私たちは、競争均衡という解概念に信を置いています。その定義は**価格**という概念に依拠しています。各々の土地の脇に看板が立っています。商人たちが商業の朝を迎えると、各々の看板に価格と呼ばれる数字が書かれているのを見ます。これらの価格をまとめたものを**価格リスト**と呼びます。価格リストは道路標識と同じような役割を果たします。道路の脇に、特定の種類の自動車の通行を制限する標識が立っているのを見たことがあるでしょう。運転手はみな、自分の自動車の制限がない道路にのみ進入することが認められていることを知っています。運転手は許可された道路のうち、自分にとって最善の道を選びます。同様に、各商人は自分自身の土地の価格よりも高い価格がついた土地は買えないということを知っています。そして、買える範囲の中で最善の土地を買おうとするのです。

すべての価格リストが衝突なしに取引の流れを制御できるというわけではありません。ある土地が複数の商人の注目を集めるということは十分にありえることです。私たちが探しているのは、各々の土地がちょうどひとりの商人にとって最善となるような価格リストです。運命のときがやってきました。ウォール街の喧騒がまるでお祭り騒ぎのように聞こえてくるなか、本講義の中心となる概念を宣言する瞬間となったのです。

定義：価格の組が**競争均衡価格の組**であるとは、それが以下の条件を満たすときである。

（条件）各土地に対し、自分が最初に所有していた土地の価格と同じか安い価格の土地の中で、その土地を最善の土地だと考えている商人がただひとりだけいる。

このとき、商人の選択の結果生じた配分を**競争均衡**と呼ぶ。

「市場の物語」の節にある表に価格リストが表示されています。表の各商人に対応した列にある＊印は、その価格リストの下で、その商人が購入しようとする土地を示しています。商人Aはどの土地でも獲得できるので、自分にとっていちばん望ましいブドウ畑を選びます。商人Bはできればビーチやブドウ畑が欲しいのですが、これらの土地の価格は自分が最初に所有していた土地よりも高いため、買えません。そこで、これらの土地はあきらめて油田に落ち着くことになります。最初に墓地を所有している商人Cは森かナイトクラブのみ手に入れることができますが、森のほうがより望ましいので、そちらを獲得します。同様に、商人Dはビーチを好み、商人Eは墓地を、Fはナイトクラブを好みます。このようにして、私たちは、与えられた価格リストの下で各土地に対し、ひとりの商人がそれを獲得しようとすることがわかりました。競争均衡が見つかったのです。

競争均衡の定義の背後には、価格がどのように変化するかというお話があります。ひとつの土地に複数の商人が関心を寄せている場合には、その土地の価格が上昇します。だれも関心を寄せなければ、価格は下落します。競り人が価格を叫び、改定し、改定し、改定し、……その結果、不思議なことに、各々の土地に関して、ただひとりの商人のみが関心を寄せる価格リストにたどり着く、という状況を想像することも可能でしょう。しかし、そのような競り人のいる市場はそれほど多くはありません。そのような競り人なしの場合、見えざる手が長い腕を伸ばし、価格を競争均衡へと導いていくのです。

競争均衡は常に存在するのでしょうか。次の主張は、商人の好みと初期の所有状態が何であっても、必ず均衡がひとつは存在することを述べています。

市場の主張1：競争均衡は常に存在する。

証明：この主張を証明するために、常に競争均衡にたどり着くアルゴリズムを構築する。

まず、「サイクル」を定義する。「サイクル」とは、商人を並べた列であって、各商人は列の次に並んでいる商人の土地を最も欲しがっており、列の最後尾の商人は、最前列の商人の土地を最も欲しがっているようなものである。どうすればそのようなサイクルが存在することがわかるだろうか。

まず適当な商人をひとり選ぶ（彼を商人1と呼ぼう）。商人1が最も好む土地の所有者を商人2と呼ぼう。同様にして、商人2が最も好む土地の所有者を商人3、商人3が最も好む土地の所有者を商人4と呼ぶ。このプロセスを続けていくと、必ずすでに列の中に現れた商人が再度選ばれるときがくる。たとえば、商人4が商人2の土地を最も好むとすると、その瞬間に私たちはサイクルを発見したことになる。それは、商人2→商人3→商人4→商人2、というものである。もし、その代わりに商人4が自分自身の土地を最も好んでいた場合には、商人4のみからなる列を退化したサイクルと呼び、それも商人4→商人4というサイクルと見なす。このようにして見つけたサイクルに入っている商人が所有している土地のひとつひとつに適当な同一の価格を割り当てる。

サイクルがひとつ見つかったら、そのサイクルに入っている商人と彼らが所有している土地を除いて、このアルゴリズムを再び回す。アルゴリズムの各段階ごとに同様のサイクル――後ろに並んでいる商人が所有している土地を残っている土地の中で最も好むように作られたサイクル――を見つけることができる。このサイクルで出てきた土地のひとつひとつに、以前の段階でつけられた価格よりも低い価格を割り当てる（同じサイクル内の土地には同じ価格を割り当てる）。このプロセスを残された商人がいなくなるまで続ける。

このアルゴリズムの進み方はいろいろありえる。しかし、最終的には、必ず終わりが来る。なぜなら、各段階において、最低ひとりはサイクルに入って、このプロセスから取り除かれるからである。このようにして、各段階につきひとつのサイクルを作り、同一のサイクル内に登場する土地には同一の価格をつけ、それよりも後の段階に作られたサイクルの土地には、より低い価格をつける。

このようにつけられた価格の組が競争均衡価格（のひとつ）になることをこれから証明する。すなわち、この価格の組の下で、各土地はただひとりの商人に望まれることになることを示す。

自分が最初に所有している土地にPという値がつけられた商人は、Pないしそれ以下の価格の土地——自分の土地よりも先にサイクルに入ってしまった土地を除いた残りの土地——の中から自分の好みの土地を購入することを検討する。これらの土地のうち、この商人が最も好む土地は、彼が属するサイクルの中で、彼の次に来る商人が所有している土地である。このようにして、どの土地をとってみても、その土地を好む商人がひとりだけいることになる。その商人とは同じサイクル内の一人前の商人ということになる。

この点を6つの土地の例で見てみよう。AはDの土地を最も欲しがっており、DもAの土地を最も欲しがっている。そこで、A↓D↓Aという取引のサイクルができる。両者とも自分の後に来る商人の土地を最も欲しがっている。彼らが所有している土地、ブドウ畑とビーチの双方に適当に、たとえば25という価格をつけてやる。これら2つの土地と商人を取り除くと、（B、C、E、F）という4人の商人と、（油田、墓地、ナイトクラブ、森）という4つの土地が残ることになる。

この4者に関して、同様の手続きを繰り返す。残りの土地の中では、商人Bが最も好む土地は

商人	B	C	E	F
所有権	油田	墓地	ナイトクラブ	森
選好順位				
1	油田	油田	油田	ナイトクラブ
2	森	森	墓地	油田
3	ナイトクラブ	ナイトクラブ	森	墓地
4	墓地	墓地	ナイトクラブ	森

油田であるが、これはすでに彼自身が保有している土地である。したがって、B↓Bがサイクルとなる。この土地「油田」に21という価格を割り当てよう。最後に、C↓F↓E↓Cというサイクルができることがわかる。

残りの土地、墓地、ナイトクラブ、森の3者の中で、CはFが所有する森を好み、EはCが所有する墓地を好み、FはEが所有するナイトクラブを好むからである。そこで、彼らが所有する3つの土地、墓地、ナイトクラブ、および森のそれぞれに10（21未満の数字であれば何でもよい）という価格をつける。これで完了である。

市場にいる商人の富は、数ある土地の中からどの土地を選べるかという能力を表しています。市場における富の源泉は商人たちの好みがどのように合致するかということにあります。たとえば、AはDの土地をとても好んでおり、DもAの土地をとても好んでいます。そして、彼らの土地は相対的に高い価格になっています。他方、だれか（この場合はF）がEの土地をとても好んでいるというだけではEが裕福ということにはなりません。Eの土地は、Fの土地を欲しがる人が他にいないという理由で、低い価格になってしまうかもしれないのです。

多くの価格体系の下で競争均衡が実現されます。それにもかかわらず、以下の主張によれば、市場のモデルは唯一の結末を導き出してくれます。

市場の主張2： すべての競争均衡は同一の配分結果をもたらす（この主張の証明は本章の他の証明よりも複雑なため、関心のある読者はMichele Piccioneと私の共同研究“Equilibrium in the Jungle”を参照されたい）。

なんとすごいことでしょう！　競争均衡は土地の最終配分に関して、唯一の予測を立ててくれるのです。もちろん、それは商人の初期保有と選好に依存していますが。

ジャングル均衡の効率性

ジャングル均衡においては、実力行使は必要ありません。均衡ではどの戦士も別の戦士の土地を奪いたいとは思わないからです。
私たちのジャングルでは、ある戦士が別の戦士の土地を奪うことは、合法的な行為です。しかし、市場と異なり、個人が集まって、自分自身の土地を取引する、というようなメカニズムはありません。少し考えればわかるように、ジャングルでは、何人かの戦士が別の方法を編み出し、土地の交換に合意することで自分たちの状況を改善しようとすると、社会的混乱が生じるかもしれません。もし、彼らがそのような行動を採ったとすると、他の連中はジャングルの経済制度が非効率的であると非難し、改革を要求するかもしれません。
次の主張は、そのような状況を心配する必要はないというものです。そのことを定式化するために、ひとつ定義をしておきます。ある配分が**効率的**であるとは、何人かの戦士たちが集まって土地を交換したとしても、集まった全員が得をすることはない配分のことを言います。

ジャングルの主張3：ジャングル均衡は効率的である。

証明：まず、各人がジャングル均衡で配分された土地を保有している状態からスタートする。土地交換のサイクルをひとつ取り出し、そのサイクルの中でいちばん強い戦士に着目する。交換の後に保有する土地は交換の前に保有していた土地とは異なる。したがって、均衡では、その土地はこの戦士よりも弱い戦士のだれかによって保有されていたものでなければならない。この土地はこの強い戦士が均衡で保有していた土地よりも好ましくないものである。そうでなければ、その土地を元々保有できたはずなので、元々の配分が均衡にはなりえないからである。

まとめよう。ジャングルが均衡に到達した後は、どのような土地の交換サイクルも参加者のうちの少なくともだれかひとりは、望ましくない交換をさせられることとなる。したがって、ジャングル均衡の配分は効率的である。

証明了

ここまで、各戦士は自分が保有する土地のみに関心があり、他の戦士が何を保有しているかということには関心がないと仮定してきました。現実には、ある戦士の居場所が別の戦士の厚生に影響を与えることはありえます。たとえば、みんな最強の戦士が辺境に位置して、外敵から守ってくれることを願うかもしれません。私たち多くの関心事は隣人がだれになるかということだったりします。経済学者の言葉を借りるならば、こういった状況は、「外部性がある状況」ということになります。そのような場合、ジャングル均衡は効率的になるとは限りません。

この点を以下の例で見ておきましょう。

A、B、Cという3人の戦士とビーチ、森、油田という3つの土地があるジャングルを考える。戦士への土地の配分方法は全部で6通りある。戦士Aは戦士Bより強く、戦士Bは戦士Cよりも強いとする。次の表は、これら3人の戦士が6つの状況をどのように選好するかという選好関係

戦士	A	B	C
1	(森, 油田, ビーチ) **	(油田, 森, ビーチ)	(森, 油田, ビーチ) **
2	(ビーチ, 油田, 森)	(油田, ビーチ, 森)	(油田, 森, ビーチ)
3	(ビーチ, 森, 油田) *	(森, ビーチ, 油田)	(ビーチ, 油田, 森)
4	(油田, 森, ビーチ)	(森, 油田, ビーチ) **	(油田, ビーチ, 森)
5	(森, ビーチ, 油田)	(ビーチ, 森, 油田) *	(ビーチ, 森, 油田) *
6	(油田, ビーチ, 森)	(ビーチ, 油田, 森)	(森, ビーチ, 油田)

を表したものである。配分は、3つの組で表されている。たとえば、(森、油田、ビーチ)という3つの組は、Aが森、Bが油田、Cがビーチに住むことを表している。

ここで、戦士Cは第一義的に自分の住む場所に関心があることに注目しておく。それに対し、戦士Aと戦士Bは他の戦士がどこに住むかということにも大きな関心を寄せていることがわかる。彼ら2人は互いに相手が油田に住んでほしいと願っているのである。

このような外部性があるジャングルでの均衡の定義は、若干微妙なものとなる。どの土地を相手から奪うかを考える際に、自分自身の土地の選択だけでなく、次の戦士が自分の選択に対し、どのように反応するかを読まないといけないからである。ここでは、自分の土地を追い出された戦士が、彼自身を追い出した戦士の土地に移動すると仮定してみよう。かくして、ジャングル均衡は次のように定義できる。

ある配分がジャングル均衡であるとは、どの戦士も自分より弱い戦士の土地と自分の土地を交換することによって生じた配分のほうを元の配分より好むことはない状態（配分）である。

たとえば、表で2つ星（＊＊）がついた配分（森、油田、ビーチ）はジャングル均衡ではない。戦士Bが戦士Cと無理矢理土地を交換することで、Bにとって元よりも望ましい配分（森、ビーチ、油田）が実現するからである。

ひとつ星をつけた配分（ビーチ、森、油田）は均衡配分となるが、効率的な配分ではない。3人共、2つ星をつけた配分をより好むからである。これらとは異なる配分を実行することも可能であるが、そのためには、政府がビーチを軍事地帯であると宣言し、その力を用いてビーチを戦士Cに与えるような配分を強制する必要があるだろう。

そう、すばらしいことに、ジャングルのような無政府状態であっても、効率的な配分が実現します。しかし、政府の介入が必要な状況もあるということもまた事実なのです。

競争均衡の効率性

競争均衡は、価格リストのうち、どの土地に対しても、それを欲し、かつ購入可能な商人がひとりだけいるような価格リストによって定義されます。ここで、私たちは競争均衡をもたらしてくれた見えざる手が、同時に**パレート最適性**ももたらしてくれることを見ていきましょう。

パレート最適な配分とは、もうだれにとっても改悪とならずに、だれかを利することができないような配分のことを言います（偶然、このモデルの下では、この特徴はジャングルで効率的な配分と呼んだものと同じです）。パレート最適性を達成することが、私たちの経済における中心的な目標です。パレート最適でない配分は望ましい配分ではありません。なぜなら、他の人を犠牲にすることなしに、だれかの厚生を改善することが可能だからです。

（経済学で「厚生経済学の第一定理」と呼ばれる）次の言明は、市場メカニズムが効率性という理想的な状態を達成するということを保証しています。

市場の主張3：競争均衡における配分はパレート最適である。

証明：競争均衡における配分から始める。これとは異なる配分を考える。これら2つの配分において異なる土地を受け取ることになる商人を差異化された商人と呼ぶ。これら差異化された商人の中で、均衡において最も高い価格の土地xを持つ商人Xに着目する。新しいほうの配分において、別の差異化された商人Yが均衡で持っていた土地yを持っているはずである。しかも、Xの選び方（Xは差異化された商人の中で最も裕福な商人である）から、この土地yの競争均衡での価格は元の土地xの価格と同じか低くなくてはならない。結果的に、均衡価格を所与とすれば、X

は均衡において、yも手に入れることができたはずなのに、そうしなかったことがわかる。これはXが均衡で持っていた土地xよりも新しい配分における土地yよりも好んでいることを意味する。

まとめよう。市場が競争均衡にたどり着いた後、どの配分を取ってきても、たとえそれがだれかにとって望ましい配分であったとしても、少なくとも他のだれかひとりにとっては望ましくない配分となってしまう。したがって、競争均衡における配分はパレート最適なものとなる。

通常、政府が市場に介入して、その動きを邪魔する必要はありません。しかし、例外的に、パレート最適な配分が達成されず、市場メカニズムへの政府の介入を検討する余地があるような状況があることがわかっています。たとえば、商人が微妙な問題を孕む土地に住むのを促すために一定の便益を供与したほうがいいような場合です。こういった状況は、たとえば、商人たちが自分自身の土地のことだけでなく、他の商人の居場所にも関心があるような場合に生じます。経済学者の言葉では、これは外部性がある状況と言います。そのような場合、商人に微妙な問題を孕む土地に住むよう、支払いを行う余地があります。この点は別の講義でもう少し詳しく見ます。

競争均衡はときとして効率的な配分をもたらさないということを見ました。しかし、この事実を市場経済の信奉者たちに教え損なったようです。これらの信奉者たちは、厚生経済学の第一定理が、個人の厚生が自身の土地にのみ依存して決まるという仮定の上に成り立っているということに触れることなく、この定理を用い続けてしまうのです。

ジャングル経済概論のまとめ

概論はいかがでしたでしょうか。講義全体の要約を一回に詰め込んでしまったにもかかわらず、みなさんにとって、内容が難しすぎなかったことを願います。講義を終える前に、もう少しだけコメントを加えさせてください。

そう、私たちは、ジャングル経済が最強の戦士にまず最も望ましい土地を与え、弱い戦士は残り物から選ぶしかないという事実を誇りに思います。私たちの経済制度は、人々に強くあれ、と勧めます。経済学研究科は強者サムソンに因んで名づけられます。私たちのビジネス・スクールは優雅かつ独自の方法で他人の資産を奪う術に長けた人材にＭＢＡの称号を与えます。最高の学生は、軍隊や安全保障や壁や柵の構築といった事柄に心血を注ぎ、その才能を絵空事に浪費するようなことはしないでしょう。

ジャングル経済がうまく機能するためには、戦士たちがだれがだれより強いかということを明瞭に認識することが必要なのは事実です。ジャングルにおいては、バレンダイン・デーは力の饗宴の日であって、愛の饗宴の日ではありません。この日、戦士たちは一堂に会し、疲労困憊して倒れるか、夜の帳が下りるまで、戦い続けます。その夜、疲れ切ったものの誇り高く立ち並んでいる戦士たちは月明かりの中で、最強の者からいちばん弱い者まで順に並ぶことになるでしょう。

一見したところ、意味のない古代の異教徒の儀式のようにも見えます。しかし、私たち、経済学者は、この伝統の背後にある論理を見出しました。その目的は、だれが強く、だれが弱いかということをすべての戦士が知るということにあります。こうすれば、私たちの経済は不要な争いを避けて、うまく機能するのです。わかりましたでしょうか。経済学は文化人類学的な問題に対しても、いわゆる経済学的な問題に対するのと同様の貢献をするのです。

確かに、私たちの経済という車輪を回すための実力行使は、結果的に犠牲者を残したりもします。戦士も人間ですから、間違いもします。弱い戦士がたまに勘違いをして、自分の実力を過大評価し、強者が土地を譲れと言っているのに、拒否することもありえます。騒ぎが起こり、強者が（もちろん適切な）実力行使に出て、相手に自分の実力を悟らせる、ということをせざるをえなくなります。経済学者の言葉では、このような実力行使による損害を取引費用と呼びます。私たちは、（その屍の上に制度が成り立っている）ジャングル経済の犠牲者を記憶に留め、経済活動を続けるでしょう。

もちろん、私たちは、ジャングル経済が不公平な配分をもたらすという不満がくすぶっていることを理解しています。喘息持ちだったり、夏の湿気に弱い人は海から離れた場所に住みたいと願うでしょう。もし、喘息持ちの人が弱者だったら、ジャングル経済の結末は不公正なものとなるでしょう。ああ、ジャングルは青々としていますが、エデンの園のような理想郷ではないのです。

ジャングル経済概論をまとめましょう。私たちは、市場がなく、貨幣もなく、商取引に関する法律もなく、さらには基本的には政府の介入の必要もなく、ジャングルの法則が安定かつ効率的な結果になることを示したのです。

市場経済概論のまとめ

市場経済概論はいかがでしたでしょうか。かなり盛りだくさんだったことと思います。驚くには当たりません。私の同僚は、ウインクをしながら、市場経済概論は経済学者が本当に知っておく必要のある考えをすべて含んでいる、などと言いますから。講義を終える前に、もう少しだけコメントを加えさせてください。

人によっては、市場制度は、人々を貪欲で快楽追求的にしてしまうと言って批判します。これは正しくありません。人間本性に与える市場制度の影響力は限定的なものです。むしろ、進化の影響力のほうが大きいでしょう。本性として、人間はできる限り最もよいものを得ようとします。多くの人々は、ビジネスの機会を懸命に探します。あるモノを安く売ろうとする人がいて、それを高い価格でもよいから買いたいと思う人がいれば、すぐに前者から買って後者に売ろうとする人が現れるでしょう。

価格体系は商業を営むのに中央集権的なメカニズムを必要とせずに創り出すことができます。どのようにして市場は均衡価格をもたらすのか、と問うかもしれません。この謎は私たちの経済システムの背後に隠された魔法なのです。

市場での商売は、取引機会を見つけ取引を行うまでにかかる時間や努力といった取引費用を伴います。しかし、これらの費用を無視して先へ進んでしまってもかまわないでしょう。

社会の成員の中には市場の法則が公平性への顧慮に欠けていると論じる人々がおり、彼らの抱く不満を残念ながら記しておきましょう。もし、喘息患者や夏の汗かきが耐えられないという人が、海から離れた避暑地で過ごせば、大きな便益が得られるにもかかわらず、そういった望ましい避暑地が親からたまたま相続したどら息子に占有されているならば、市場の結果は正当なものとは言えなくなるでしょう。ああ、そのとおり、市場はエデンの園にはなりきれないのです。

市場経済概論をまとめるために、一言だけ述べておきましょう。目を見はれ、見よ、そして理解せよ、市場の不思議がいかにすばらしいかを。

おしまい

これで2つの経済学の概論はおしまいです。ひとつの講義では、市場のモデルが主役となりました。これは、すべての経済学部で教えられている、よく知られたモデルです。このモデルは、きわめて非現実的で、想像上のもので、均衡価格の不思議を説明してはくれず、予測精度も限定的であるとしても、私たちが住む経済社会を理解するための基礎的なものと見なされています。

もうひとつの講義はジャングルのモデルに焦点を当てました。こちらのモデルは教科書には載っていませんし、ウォルト・ディズニーの映画から飛び出してきた、私たちが住んでいる先進社会から完全に遊離した社会のようです。

ジャングル経済は私たちとはかけ離れた文化にのみ意味のあるものでしょうか。残念ながらそうではありません。完全に想像の産物とは言い切れないシナリオを紹介しましょう。

気候変動と核兵器の増大によって、黙示録にあるように、ゴグとマゴグが暴れ出し、世界を破滅に追いやります。生き残った人々は消費財は何も必要とせず、毎朝天から降ってくるマナと呼ばれる魔法のカプセルだけを頼りに生きています。ある人々は不幸にも天から何も授かりません。別の人々は幸運にもマナの山に埋もれています。

この終末後の世界で、持たざる人々は持てる人々からマナを物理的な力を行使して奪い取ろうとするでしょう。モノとモノを交換するための市場制度は使えません。なぜなら、この世界にはマナ以外のモノはないからです。市場ができることはせいぜい、マナと力の交換を規制することくらいでしょう。マナの所有者はマナを持たざる者にマナを分けて、その身を守ってもらうのです。ジャングルのモデルを少し改定すれば、市場のモデルよりもこの状況をうまく記述することができるでしょう。

しかし、これほど悲惨なシナリオがなくとも、ジャングルのモデルは、第一印象よりは私たちの世界に関係があります。物理的な力は現代経済でも重要な影響力があります。窃盗は資産を個人から別の個人へ移す暴力的な行為です。牢名主は牢屋でいちばんいい寝床をせしめますし、多くの立派な家庭でも同じことが言えます。力は体制が崩壊した社会での資産の配分においては、重要な役割を果たします。国家は軍事力を用いて他の国から収奪してきましたし、それは未だなお続いています。

しかし、実力行使が社会での財の分配を決める一要素だと言うとき、軍事力にのみ言及しているわけではありません。私たちの世界では、人々が穏やかな力を用いて財の配分を行うことは例外的なことではありません。そして、場合によっては、そのような力の行使をなんら悪いことだとは思わないでしょう。大学内の序列によって駐車場の確保の順位が決まるのはよくあることです。年功序列によって軍隊や福祉施設での特権が与えられることもあります。説得力があれば、交渉参加者の意向を自分の欲するほうに向けることができます。そして、男女を結びつけるあの魅力を忘れてはなりません。彼1と彼女1を、彼2と彼女2を結びつけるようなものです。しかし、今、彼1が現在の彼女よりも彼女2を好きになって、彼1が彼2よりも魅力があったとしましょう。彼1が彼女2の前に現れ、彼の魅力を全開にし云々となると、結果は明らかでしょう。男女の間に市場があると考えただけで身ぶるいがします。

2つの概論で出てきたモデルは寓話にすぎません。どちらも現実社会そのものを記述しているわけではないのです。しかし、一方でどちらも現実から取ってきた何かを記述しています。どちらの物語も、明瞭にどちらの経済がよいとか悪いとかいったことを教えてくれるわけではありません。しかし、両者を同時に学ぶことで経済のメカニズムをある程度理解するのに役立つことでしょう。

私は、2つのモデルを並べて、なるべく対称的に述べるように努めました。私の最大の目的は、大学で経済学を教える教え方を批判的に論じることにありました。経済学の勉強は通常、実証的な証拠を提示したり、きちんとした議論をしたりせずに、手っ取り早く学生の心をつかむ市場モデルに焦点を当てます。経済学の学生は、市場モデルのエレガンス、明瞭さ、予測能力といったものに――正しかろうが、間違っていようが――魅せられてしまいます。

本章で強調したかったのは、同様の道具立てを使って、異なる経済制度――もちろん、私が好きな制度ではありませんが――の魅力を学生に説明できてしまうという点です。

第4章

経済学と語用論、そして7つの落とし穴

Economics, Pragmatics and Seven Traps

学際領域の探訪

この本の執筆には少なからぬ疑問を抱いています。本書はさまざまな学術的問題をきわめて個人的な視点から論じています。このような書き方に惹かれるものの、完全に納得しているわけではありません。

私は、これまでの学術研究で、経済理論やゲーム理論、あるいは意思決定理論の数理モデルを身にまとってきました。私の論文の典型的な表題は「不完備情報下での交渉モデル」や「不完全記憶下での意思決定問題の解釈をめぐる論考」といったものです。したがって、ここで私が「学際領域の探訪」などという表現を使うのはいかがなものでしょうか。注意しなければ、この学際領域というものは私の幼年時代のことにまで及ぶでしょう。なぜならこの時期に異文化と触れあったことが、学際というテーマに私が興味を持つ理由だからです。そして少し考え出すと、私は再び雑多な回想を始めてしまいそうです（見てください、すでにまたそうなりかけています）。

いま学際領域を覗いてみようとするのは、経済学的な思考が、経済学以外の問題の分析にも役に立つということを説明するためです。この探訪では批判的な視点によって、落とし穴を見つけたり探し出したりしていこうと思います。学際領域の研究に特有の落とし穴もあれば、他の文脈においても見られる落とし穴もあります。ときには議論の本筋から外れますが、ひとつ、2つ、3つ、という具合に7つまで落とし穴を数えていきます。

経済学というものは諸々の学際領域に取り囲まれています。経済学は社会学、動物学、犯罪学、心理学、法学、政治科学、歴史学、さらには脳科学と結びつき、学術誌や上級講義の名を冠しています。そのように他の分野と結びついた研究を行っていて、他の学問分野から沢山のことを学びとることができると心から信じている経済学者を私は知っています。

しかし、概して経済学が他の分野に広まってきた理由は、経済学者であるスティーヴン・レヴィットの以下のような見解にあるのではないかと私は思います。「経済学は問題を解くための非常に優れた分析手段を持った科学であるが、興味深い問題自体はきわめて少しだけしか持ち合わせていないのである」。

学部のラウンジやセミナー後の夕食の場では、経済学は帝国主義的な学問であるということを経済学者は認めます。だれかが「経済学の帝国主義」という表現を使うことでその場でくすくす笑いが起こっていても、別のだれかが植民地の先住民すなわちまだ経済学的思考のありがたさを認識していない人々のことを傲慢にも軽蔑したりすると、次第に気まずさが立ち上ってきます。

私は経済学帝国の「愛国者」ではありませんし、職業上の入植の野望といったものを心に抱くことはまったくありません。しかし私自身も、はじめに経済学と法の分野で、後には経済学と言語の分野で、学際的研究に取り組もうとしたことがあります。私がそういった分野に惹きつけられたのは、それらの分野には新天地を切り拓くような革新、独創性そして多様性といった見込みがあるためです。経済学固有の問題だけに取り組むことに気がかりを覚えていた時期に、私は学際領域にある見捨てられた区画——手つかずになっている経済学の逃げ場所——を見つけたのです。

経済学と法について考えてみましょう。この分野には会社法、反トラスト法や税法などの分野が含まれていて、これらは経済学における企業組織、産業組織、公共経済学といった分野の研究成果を反映しています。しかし、私にとっては経済学と法のより面白い意義は別のところにあります。それは、経済理論の目的は社会における個人間のかかわり合いの論理を明らかにすることにあるという私の考え方にかかわっています。経済理論を経済面でのかかわり合いにしか当てはめない理由はどこにもありません。法制度もまた、社会における個人間のかかわり合いをまとめるために設計されたものです。実際、経済学と法という学問分野では、法体系を詳しく分析するにあたり、私たちが経済制度の分析に用いるのと同様の手法を使用します。そういう意味で、経済学と法という分野は、経済学と同じ内容を扱うというよりは経済学的な思考方法を使用しているのです。

経済学と言語はさらに奇妙な取り合わせに聞こえます。言語理論が経済問題を語ることはないからです。経済学はあらゆる社会制度がどのように機能しているのかを解明することに焦点を当てるものであるという立場に基づいて、言語学者や言語哲学者の守備範囲とされる話題を自分たちが扱ってもかまわないと経済学者は考えています。**社会制度**という言葉を用いるときには、個人間のかかわり合いをまとめている、社会に広く普及した仕組みや慣習のことを指しています。人間同士の協力を促す社会の仕組みとして、言語以上に重要なものが果たしてあるでしょうか。このような考えによって、古典的な経済理論がおなじみの経済の仕組みを説明するのと同じようなやり方で言語というものを説明したいという衝動に駆られるのです。

前の2つの段落を読んだ後でも、経済学的な思考方法が他の分野にとってどれほど意味があるのか、読者には少しもわからないかもしれません。このまま抽象的な説明を続けるよりも、経済学と言語の分野から学際的な研究をひとつ取り上げて紹介するほうがわかりやすいでしょう。ここで紹介する研究は、私が同僚のヤコブ（コビ）・グレイザーと共同で取り組んだプロジェクトです。このプロジェクトは議論や説得を要する状況を扱っています。

私がこのプロジェクトに惹かれたのは、叶えることのできなかった幼少時代の夢を私に思い起こさせるからです。それは、抑圧された人々のための弁護士となって、彼らの運命を左右するような重要な問題をめぐる公開討論に勝利するというものです。とくにこのプロジェクトについて話すことの利点としては、私自身がこれに携わっており、それゆえに私が個人的な見方によって他人様の研究にケチをつけているという非難を受けることを心配せずに、この研究を批判的に論じることができるということがあります。

私はまだ経済学と言語について一言も論じていませんが、私がこの分野に惹かれた理由はもう話しました。なぜ人が学際的な研究に惹かれるのかということは、はっきりとはしていません。このため、人がとくにそのような研究に取り組むようになる理由を探りたいと思ってしまいます。こうして、私はすでにひとつめの地雷を踏んでしまっているのです。

第1の落とし穴：学際領域に踏み込むと、学問的とは言い難い、個人的なものが露呈してしまう。

会話と説得の場面

私たちはいま、経済学とプラグマティクス（語用論）の間の領域に足を踏み入れようとしています。経済学については、私たちはもう話しました。プラグマティクスとは、会話（発話）中に現れた言葉に込められた意味を決める規則を取り扱う、言語学の一分野です。

プラグマティクスでは、たとえば次のような会話を耳にしたときに私たちの頭の中でどのような仕組みが働いているのかを明らかにしようとします。

会話1：

A（彼はエルサレムからロンドンに向かって旅立とうとしており、ロンドンにいるBと電話で話している）：早くロンドンの街並みを散歩したくて待ちきれないよ。ねえ、そっちの天気は大荒れかい？

B：雨は激しく降ってないよ。

Bの発言は――それがなされた文脈から切り離されたとすれば――ロンドンではまったく雨が降っていないという論理的可能性を排除しません。にもかかわらず、先ほどの会話の文脈の下ではBの発言は明らかに、雨は降っているが激しく降っているわけではないということを意味しています。私たちがこの発言をそのように明確に理解できるための原則とはいったいどのようなものなのでしょうか？

会話2：

C（会議室の外にいて、会議室の中にいるDと電話で話している）：どんな人が会議に参加しているんだい？

D：見たところ大半は経済学者だね。

Dは経済学者以外の参加者がいたかどうかに触れていません。それどころか、彼は会議室の中にいる参加者を見ていたとさえ言っていません（また、部屋の窓から見える通行人を眺めていたといったことも言っていません）。それにもかかわらず、Dが言おうとしたのは大半の参加者は経済学者であると共に経済学者以外の参加者もいたということである、ということに私たちは疑いを持ちません。Dが言おうとしたのがこういうことであると、私たちにはっきりとわかるのはどうしてでしょうか。

プラグマティクスは、このような推論を自明なものとし、その存在に私たちが気づきさえしないような、私たちの頭脳に刻み込まれている規則を明らかにします。プラグマティクスにおける偉大なる権威に哲学者のポール・グライスという人がいます。彼の主要な研究テーマは**協調の原理**です。

これは、私たちが日々の会話の中で出てくる発言を理解するために用いる規則は、話し手と聞き手が利害を共有しており、彼らの会話はこの利害の一致を高めるためになされるものであるとする原則です。この協調の原理を基にして、会話における発言の意味は、話し手は聞き手に対して正確で、関連性があり、十分に詳細な情報を可能な限り簡潔に伝えようとするものである、という前提に沿ったものでなければならないとグライスは推測しています。

グライスの取り組みは、社会制度の説明や理解に向けた経済学の取り組みを思い起こさせます。私たち経済学者は適切な目的を達成するために社会制度を設計している超越的な計画者を想定します。私たちは、慣れ親しんだ社会制度がこの社会計画者の目的を最も適したやり方で達成するということを示したいと望んでいます。いえ、望みといっては少し大げさかもしれません。慣れ親しんだ社会制度が、社会計画者が存在したならば選ばれていたであろう社会制度と重要な点で共通しているということを示すことができれば私たちは満足するでしょう。

ひとつめの会話に戻りましょう。Bはわざわざ「雨は激しく降ってない」と言い、もっと短く「雨は降ってない」と言うだけでよしとはしていません。ここから、Bはもっと多くのことを伝えたいと考えていたということがうかがわれます。彼の言いたいことは何だったのでしょうか？　それは、雨は降ってはいるが激しく降っているわけではないということです。それでは、なぜ彼は「雨は降っているが、激しくは降ってない」とは言わなかったのでしょうか。それは、Bは話の流れにきちんと沿ったことを言おうとしており、いまAが困っているのは、土砂降りの中では街中を楽しく散歩することができないということである、ということを知っていたからです。「雨は激しく降ってない」と「雨は降っているが、激しくは降ってない」という2つの発言はまったく同じものではありません。しかし、この会話の文脈の中では、プラグマティクスの規則によって両者は同じことを言い表すことになるのです。

2つめの会話では、Dは会話の流れに沿ったことを言うと思われるので、DはCの質問に答えようとしており、Cの関心の対象——すなわち、会議に参加している人たち——のことを話しているのだと推測できます。それゆえ、Dは会議室にいる人たちの大半は経済学者であると言おうとしているのです。彼はもっとはっきりと（また簡潔に）、「会議に参加している人たちは全員が経済学者である」と言うこともできたでしょう。彼がこう言わなかったことで、この文章は正しくなく、会議に参加している人たちの大半は経済学者であるが全員ではないのだ、と推測することになります。

グライスの規則は会話の場面に関するものです。この章では、私たちはいわゆる**説得の場面**について考えてみたいと思います。会話と同様に、説得の場面も言葉のやり取りを伴います。説得の場面の特徴は、ある人（**説得者**と呼びましょう）が別のだれか（**判断者**と呼びましょう）を説得して自分の意見を採り入れてもらおうとしたり何か行動をしてもらおうとするという点にあります。説得の場面の例としては、たとえば労働者が自分を雇うように雇用者を説得する、政治家が大衆の信頼を得ようとする、あるいは電話会社が顧客を説得して競合会社から自社のサービスに切り替えてもらう、といったものがあります。

説得の場面において人を納得させる主張を作り上げる要因は何か、またただれかを説得しようとしてなされた発言がどのように解釈されるのか、といったことを決定する原則を突き止めることに私たちの関心はあります。つまり、私たちは説得の場面に当てはまるプラグマティクスの理論を作り上げたいと思っているのです。

直観を吟味する

私たち（コビと私）の出発点は、世界の様子を日々観察することでした。私たちは毎日、家庭で、職場で、市場で、そして政治の場で説得の場面にかかわったりそれを目にしたりします。説得の場面においてなされる発言には、仮に同じ発言が通常の、説得を必要としない会話においてなされた場合とは異なる意味づけが与えられることがよくある、ということに私たちは気づきました。説得の場面においてある発言を解釈する際に、説得者が必死にこちらを納得させようとしているということを聴き手はわかっています。彼は（ゲーム理論の章において述べた意味で）戦略的に考えて、説得者が言ったことだけでなく、彼が何をあえて言い何をあえて言わないのかということも考慮します。

しかし、哲学者や言語学者たちとは異なり、私たち経済学者は単に自分たちの感じた世界の印象と内省のみに頼るようなことはしないかのように振る舞います。私たちは感じた印象を実験によってより確かなものにしたいと考えます。驚くべきことに、実験では、少なくともその結果が報告される場合には、通常私たちの直観が支持されます。この場合でもそうでしょうか。

私たちは世界中のいくつかの大学の学生や講師たちに、2つの話につき合ってもらうようにお願いしました。これらの話は現実味はありますが、実際に起きた出来事を基にしたものであるとは言えません。理論モデルと同様に、実験においては、世界は不自然なほどに洗練されています。被験者たちに、あまりになじみのある状況や複雑な状況に身を置いてもらうようなことはしません。なじみのある状況が適切でないのは、被験者たちが私たちの分析したいこととは関係なく各自の生活に固有な要因によって影響を受けやすいためです。複雑な状況にしてしまうと、理解が難しいものになりがちであり、とくに厚意から実験に参加してくれた辛抱強くない人たちには向いていません。

本書の英語ウェブサイトhttp://www.possibleworlds.co.il/agadotE/にてこういった状況の下で実験を行うことができます。

話1：あなたは以下のようなゲームの2人のプレイヤーのうちのひとりであるとする。ゲームには2組のカードを用いる。それぞれの組には1から100までの数字が書かれた100枚のカードが含まれている。各組から1枚ずつ、2枚のカードが無作為に選ばれ、あなたとは別のもうひとりのプレイヤーに渡される。相手だけが2枚のカードに書かれた数字を見ることができる。相手の目標は、2枚のカードに書かれた数字の和が100よりも大きいということをあなたに信じてもらうことである。相手は2枚のカードのうち1枚しかあなたに見せることができない。あなたはカードに書かれた数字の和が100よりも大きいか否かを推測しなければならない。相手はあなたを説得してカードの数字の和が100よりも大きいと思わせることができれば賞金をもらうことができる。あなたは、数字の和が100よりも大きいか否かに関する推測が当たっていれば賞金をもらうことができる。

相手は59という数字の書かれたカードをあなたに見せた。あなたはどう推測するか。カードに書かれた数字の和は100よりも大きいのか、そうではないのか。

この話において、あなたは判断者であり、相手プレイヤーは説得者です。この話は以下のような現実的な状況に対応します。

ある仕事に就く応募者（話し手）が雇用主（聴き手）に自分を雇うよう説得しようとします。応募者は以前の雇用主に書いてもらった2枚の推薦状を持っています。推薦状の内容は（100のカードのように）彼を熱心に推すものから、（0のカードのように）厳しく批判するものまで多岐にわたるものがありえるとします。雇用主は推薦状を2枚とも読む時間は取れず、応募者にどちらか1通だけを提出してもらうことにします（物語において相手プレイヤーは1枚のカードしか見せることができないという制約があるように）。

応募者は以前の雇用主2人からの推薦状は彼を他の応募者の平均よりも高く評価していると主張します（プレイヤーがカードに書かれた数字の和が100よりも大きいと主張するように）。そして、（59の数字が書かれたカードのように）平均よりもわずかに高く評価している推薦状を提示します。そして最後に、この推薦状が提示されたことから応募者が仕事を得られる見込みがあると言えるか否かという問いが、プレイヤーが59のカードを選んで提示したということをどのように解釈するのかという問いに対応します。

2枚のカードの数字の和が100よりも大きいことを納得させる証拠として59のカードを提示された後で、判断者の頭の中には相反する2通りの考えが浮かびうると思います。

単純な考え方：判断者は59のカードが提示されたことを単純に捉え、説得者がこのカードを提示してもう1枚のカードを提示しなかったという事実を考慮しない。カードに書かれた数字の和が100を超えるには、2枚目のカードに書かれた数字は42以上でなければならない。2枚目のカードは1から100までの数字が書かれた100枚のカードを含んだ組から引かれたということを知っている。彼は2枚目のカードの数字が42以上である確率（59％）および2枚のカードに書かれた数字の和が100よりも数字が42よりも小さい確率（41％）を計算して、2枚のカードに書かれた数字の和が100よりも大きい可能性のほうが高いと結論づける。

戦略的な考え方：判断者は、話し手が59のカードを提示したのはどうしてなのか自問する。判断者は、話し手がこちらを説得して数字の和が100よりも大きいということを信じ込ませようとしており、それゆえ何も考えずに1枚のカードを提示したのではなく、手元にあるカードのうち数字の大きな方を選んで見せたと考える。したがって、2枚目のカードの数字は59以下であるということを判断者は推測する。そうであれば、2枚目のカードの数字が42以上59以下である（数字の和が100よりも大きくなる）確率、すなわち59分の18は、2枚目のカードの数字が1以上41以下である（小さすぎて2枚目のカードの数字の和が100を超えない）確率、すなわち59分の41よりも小さいことがわかる。よって、カードに書かれた数字の和が100を超えない可能性のほうが高いと結論づける。

それでは、人々は59のカードが提示されたことを、説得者の言い分を支持する証拠として解釈するでしょうか、それとも彼の主張が正しくないことを示す証拠でしょうか。私たちが集めたサンプルには1500以上の回答が含まれています。そのうちおよそ43％の人たちは見たところ単純な考え方を用いていて、カードの数字の和は100よりも大きいと推測しました。回答者の過半数、57％は戦略的な考え方を用いていて、カードの数字の和は100を超えないと推測しました。

仮に、「片方のカードは59のカードである」という発言が説得の場面ではなく2人の人たちの普通の会話においてなされていたとしたら何が起こるでしょうか？

たとえば、2人が電話で話していると想像してください。ひとりは2枚のカードを手に持っています。2人はカードの数字の和が100を超えるか否かを結論づけるということに関して共通の利害を持っています。カードを持っている側の人がもうひとりに「片方のカードは59で、もう片方……」と話していたそのとき、話し手が2枚目のカードに書かれた数字について話す間もなく、電話が切れてしまいました。聞き手はカードの数字の和が100を超えるかどうか推測しなければなりません。ここでは説得の場面とは異なり、先の発言（「片方のカードの数字は59である」）を解釈するよう求められた人たちのうちの大多数が、カードの数字の和は100よりも大きいと推測しました。普通の会話においては、聞き手は話し手がどちらのカードのことを先に取り上げるかを無作為に決めており、必ずしも数字の大きいほうを選ぶわけではないと考えているようです。

話2：あなたは世界の主要な都市における教育水準の変化について人と話している。あなたは、直近の10年間で世界の大半の都市で教育水準が上昇したということを相手に納得させせたいと強く考えている。あなたは彼に、自分はブリュッセル、カイロ、マニラ、メキシコシティにおける教育水準のトレンドに関する報告書を持っていると話す。彼は、バンコクにおける教育水準が過去10年で低下したことを示す信憑性のある報告書を読んだことがあると言う。

あなたの持つ4部の報告書はどれもあなたの主張を支持しているが、あなたには4つの都市のうちのどれかひとつに関する情報を見せるだけの時間しかない。あなたの主張を最も強く支持するのは、4つの都市のうちどの都市に関する情報か。

この話は説得の場面を表しています。あなたが説得者です。いま、あなたの主張に対する反論としてバンコクの名が挙げられたので、あなたはバンコクに関してなされた主張に「最も直接的にかかわる」主張でもって反応することが予想されます。この文脈では、大半の人たちは地理的な意味での関連性を考えて、判断者はバンコクに近い都市——ここではマニラでしょう——における教育水準に関してあなたから教えてもらうことを期待します。ですから、もしあなたがメキシコシティに関する報告書を提示するならば、判断者は、マニラに関する報告書はあなたの主張を支持していないのだ、と推測します。彼は、ひとつの事例（メキシコシティ）はあなたの主張を支持するものの、別の2つの事例（バンコクとマニラ）は支持しないのだ、と思うでしょう。

もしあなたがマニラに関する報告書について詳しく紹介すれば、判断者は他の都市における教育水準に関しては何とも言えないと考えるでしょう。そうすると彼はあなたの主張を指示する一例（マニラ）と支持しない別の一例（バンコク）を知ることになるでしょう。したがって、マニラに関する報告書を提示するほうがあなたの状況はより良くなるでしょう。

実験結果は私たちの直観を支持するものでした。およそ600人の学生を対象とした調査では、回答者のうちの51％が、最も説得的であるのはマニラの情報であると述べました。これに対して、メキシコシティと回答した学生は23％、カイロとブリュッセルを選んだ学生はそれぞれ13％でした。マニラが4つの都市のうちで最も目立っているというわけではないにもかかわらず、このような結果が出ました。

　バンコクをアムステルダムに置き換えて尋ねたところ、71％の回答者がブリュッセルの情報が最も説得的であると回答しており、残りの回答は他の3つの都市の間で均等に分かれました。

　仮にこの会話が説得の場面ではなく、2人の間で好奇心から何気なく行われていたとしたら、解釈は異なったものとなったでしょう。議論を始める際に、バンコクにおける教育水準が低下していることが明らかになったとしましょう（余談ですが、この実験は、私がバンコクを訪問して、教育水準が実際には最近の数年では上昇しているということを知る前に行われました）。

　ひとりは4つの都市（ブリュッセル、カイロ、マニラ、メキシコシティ）における教育水準について知っているものとし、彼がメキシコシティにおける教育水準は上昇していると述べたとしましょう。この発言は文字どおりに解釈するのが普通でしょう。話し手がメキシコシティを例に挙げたことから他の都市における教育水準について何か推測できるという人はいないでしょう。

　先に挙げた2つの話の双方に関して、多くの回答者は、説得者が何を言い、何を言わないのかを自分で選んでおり、その選択は判断者を説得するという目的に沿ってなされた、ということを考慮に入れていたようです。

　ひとつめの話において、説得者は証拠——59の数字が書かれたカード——を提示します。表面上は、彼はただ「私は59の数字が書かれたカードを持っています」と述べただけですが、多くの回答者は、説得者は合理的に考えており判断者を説得する最善の手を使っていたのだ、と考えます。もし説得者がより説得力のあるカードを持っていたならば、彼はそれを提示したでしょう。それゆえ回答者は、話し手はもっと大きな数字の書かれたカードを提示することができなかったのだと推測します。したがって「私は59の数字が書かれたカードを持っています」という発言は「私のカードのうち最大の数字は59です」と受け取られるのです。

2つめのシナリオにおいては、バンコクの事例は説得者の立場を支持しないということを判断者が説得者に述べた後で、説得者はリストに挙げられたもののうちで地理的にバンコクに近いといえる唯一の都市であるマニラに言及することが予想されます。最も説得力のある主張は「マニラにおける教育水準は上昇した」というものです。いいかえると、仮に説得者が「ブリュッセルにおける教育水準は上昇した」というような主張をしたとすれば、この発言はあたかも彼が「教育水準はブリュッセルにおいては上昇したが、マニラにおいては上昇していない」というもっと弱い主張をしたと解釈されるでしょう。

批判（1）

もちろん、読者のみなさんが私を信じ、報告した調査結果を疑いなく受け入れてくれるのならば喜ばしいことです。しかし、調査はどのような方法で行われたのでしょうか。回答者はどのような人たちで、数百人の学生の回答がどの程度一般的と言えるでしょうか。私は思うような結果が出なかった実験のことも報告しているでしょうか。それとも私の示したいことを支持する結果が出たものだけを報告しているのでしょうか。読者だけでなく私自身にとってももっと説得力が増して見えるように、私が実験結果を少しねじ曲げたいと考えているだろう、とひそかに感じたりしていないでしょうか。

実のところ、読者であるあなたと私は今まさに説得の場面にいるのです。

私はあなたに、前述の調査結果は私がここで提示している主張を支持していると納得してもらいたいのです。私は嘘をついてはいけませんが、私の主張を支持する結果だけを強調してあまり好ましくない結果を隠すことはできます。これはあらゆる実験や実証の研究について回ることです。研究者は彼自身の研究の質がどうであろうと、彼は賢く、正しいことを述べていて、独創的なのだ、と思われたいのです。

立証された事実について知りたいのであれば、ある程度の懐疑心をもって結果を眺める必要があります。しかし私たちの大半は、実験や実証のデータを詳しく調べたいとか、研究者がどのように結論に至ったのかを吟味したいといった考えを持っていません。他の人に任せよう、という風潮はとりわけ学際的な領域において広く蔓延しています。

別の分野における研究を引用する際に、私たちは十分に批判的な検討を行うわけではありません。それは、そうするだけの知識を持ち合わせていないからです。文献を引用するのは単に私たちの視野の広さを示すことだけを目的としていることが多いのです。私たちは自身の分野からの引用に関しても十分に批判的ではありません。これはもしかすると、私たちは別の分野の研究者に与える印象を気にしており、他の経済学者の研究を批判することで自分たちの立場をもそこねてしまうことを恐れているためかもしれません。

もし経済学者が、経済学の研究活動を描写するモデルを作り、経済学者を意思決定主体としてモデルに取り込むならば、きっと彼らの採用するアプローチは、結論を額面どおりに受け取るべきではなく、研究者の利害を考慮に入れるべきだ、というものになるでしょう。研究の結果を集めて分析し、発表する間に研究者が直面する誘因について議論がなされるでしょう。また、経済学クラブの会員たちが共有する、他の研究分野のクラブからやってきた見物人の目の前で自分たちを褒めたたえることの利益についても言及されるでしょう。しかし経済学者は経済学者のモデルを作りません。よく知られた論文の中で大発見をしたと発表した同僚が、公表する結果を取捨選択していたとか、発見と相容れないデータを省いていた、と経済学者が不平を言うのを私はめったに聞きません。つまり、私たちは別の落とし穴にかかっているのです。

第2の落とし穴：私たちは専門誌に掲載された論文に過度に気を取られ、書き手である研究者の個人的な利害に関してはほとんど注意を払わない。

経済学者の出番

説得力のある発言とそうでない発言を分かつ原則とはどのようなものなのでしょうか。コビと私との共同研究に戻ってみましょう。私たちのアプローチはこの世界に真実が存在することを基本的前提とします。仮に判断者がこの真実を知っているとすれば、説得という手続きは必要なくなり、判断者は真実と自分の選好に基づいて説得者の主張を受け入れるか拒否するかを決めればよいでしょう。しかし、判断者は真実を知りません。説得者だけが関連する事実を知っており、そのうえで彼は真実にかかわらず、とにかく判断者を説得したいと考えています。他方で、判断者は一定の条件の下でのみ説得者の主張を受け入れたいと思うでしょう。経済現象でよく見られる緊張がその場を覆います。

説得者と判断者には共通の利害があります。というのは、判断者が説得者に同意することで利益を得られる状況もあるためです。しかし、同時に利害の対立もあり、判断者が説得者の主張を退けることが望ましい場合もあります。したがって、グライスの**協調の原理**は説得的な発言の解釈に用いられる規則を説明する理論の基礎としてふさわしくありません。それゆえ私たちは別の原理の定式化を試みます。それは説得者の主張を解釈する際に、人々がごく自然に用いる規則を説明することになるでしょう。

私たちのアプローチでは、説得という手続きは、判断者が説得者から必要な情報をできるだけ多く引き出せるようにするためのものです。私たちは、社会設計者が説得の場面において提示された主張や証拠を解釈するのに用いる規則を人々に授けたと想定します。社会設計者は、説得者は合理的に行動し、判断者は説得者の主張に耳を傾けてから、授かった説得の規則に基づいて行動する、と想定していました。設計者は、判断者が彼の見方に基づく正しい結論にたどりつくことができる可能性を最大化するような説得の規則を選びました。

社会設計者は、どのような主張が判断者を説得し、どのような主張が説得しないのかを決めます。設計者はある種の限界を考慮に入れなければなりません。時間的な限界――判断者の割ける時間は非常に少ない――、さらには認知的な限界――データを吸収・消化して結論を導き出す判断者の能力は限られている――といったものです。ご存じのとおり、司法制度でさえ、裁判所が稼働する時間の厳しい制約があることや、生死にかかわるような問題においてさえ情報を集めて処理する裁判官の能力が限られていることを認識しています。

私たちの生活を規定して、私たちの分析の基礎となる最適化問題に直面している、この超越的な設計者とはどのような存在なのでしょうか？　経済学の伝統の限りでは、私たちは「仮想的な」設計者について言及します。この謎に包まれた存在の仮面を何とかして取り去ろうというときには、私たちは「進化的な力」という言葉でごまかします。ある種の文脈（たとえば判断者が上司である場合）においては、設計者は判断者自身であると言ってもよいかもしれません。説得者に対して強い立場にいるおかげで、彼はゲームの規則を決める存在となるのです。とはいえ、もしかしたら以下のことを認めておくのがよいかもしれません。

第3の落とし穴：実際のところ、私たちは自分たちの取り組んでいることについてはっきりとはわかっていない……

私たちのアプローチでは仮想的な設計者の問題をきちんと定式化します。それから不思議で曖昧な問題を明確な数学の問題に変換する魔法によってきれいさっぱりとした、定式化されたモデルを分析します。ここでは定式化されたモデルを詳述することはしません——それは専門的な文献でやることです。ここでは、ちょっとだけモデルの雰囲気を感じられる、簡単な例を挙げるだけで十分でしょう。

実際のところ、私が専門の学際的文献の中でこのテーマについて書こうとするとしても、モデルのエッセンスを簡潔に説明するだけで十分だと考えるでしょう。私は言語学の問題を詳細に論じることはしないでしょう。なぜなら、私は言語学の複雑な問題に立ち入るのに十分なほどにはこの分野に精通していないからです。

また私は定式化されたモデルをあまり詳細に論じることもしないでしょう。そうするならば、経済理論に精通していない読者をひるませてしまうでしょうから。ですから、言いかえると、いま私自身の話したことが私を別の落とし穴に導くことになるのです。

第4の落とし穴：学際領域においては、研究発表は簡潔なものでなければならない。詳細を述べる余地はない。私たちは一般論を語るが、それ以上のことは滅多にできない。

モデルを構築する

説得者がある問題について判断者を説得したいと考えています。説得者は5人の専門家、A、B、C、D、Eの意見を利用することができます。それぞれの専門家はその問題に関して明確な意見を持っています。各専門家は説得者の立場を支持するかそれに反対するかのどちらかです。

5人の専門家がどのような意見を持っているのかをまとめて表して**状態**と呼ぶことにしましょう。状態とは、たとえばA、B、Dの3人は説得者の立場を支持しているが、CとEは反対している、といったものです。状態は2×2×2×2×2＝32通りあります。仮に判断者が

5人の専門家の意見を知っているとすれば、彼は過半数の専門家が説得者の立場を支持する場合に限り説得を受け入れるでしょう。

ところが、専門家の意見を知っているのは説得者だけです。説得者は自分の意見を受け入れることが判断者にとっても望ましい状態だと説得しようとします。重要な仮定（後ほど詳しく議論します）として、説得者は、自身の主張に2人の専門家の意見しか取り入れることができないとします。**説得の規則**によって、説得的な主張とそうでない主張を区別します。説得者は状態および説得の規則を知っており、判断者を説得することができるような主張ができないかどうかを考えます。そのような主張ができるのならば、説得者はそれを主張します。

説得者は（モデルにおいては）専門家の意見を提示する以外のことをしてはいけません。したがって、たとえば相手をののしったり、テーブルをドンとたたいたり、発砲したり……といったことはできません。また、実際には違うのに、ある専門家が説得者の立場を支持している、と嘘の主張をすることもできません。これはとくに、説得者が単に専門家の考え方を表す言葉を並べるだけでなく、専門家の発言を論理的に構成して自身の発言を実証しなければいけないような状況に当てはまります。

最後に、例の謎に包まれた設計者――説得の規則を選ぶ立場にある存在――の話をしましょう。設計者が選ぶ説得の規則はあらゆる状態に適用されます（規則を用いる判断者は異なる状態を区別できないためです）。説得の規則を評価するために、設計者は、判断者が彼自身の立場からすれば間違った決断をしてしまうような状態を特定します。

設計者は（1）判断者が説得を受け入れないほうがよいにもかかわらず、説得者が自身の立場を受け入れるよう判断者を説得できてしまう状態、および（2）判断者が説得を受け入れたほうがよいにもかかわらず、説得者が説得的な主張を提示することが説得の規則によって許されていないような状態、を失敗として数えます。設計者はさまざまな状態における失敗を区別せず、それぞれの失敗に同等のウェイトを置きます。モデルの中心的な仮定として、聴き手に彼自身の立場からすると間違った決断をさせてしまうような状態の数を最小にすべく、設計者は説得の規則を選択する、と想定します。

先述のとおり、説得者は2人の専門家の意見しか自身の提示する主張に含めることができないとします。仮に3人の専門家の意見を提示してもよいとするならば、モデルは面白みのないものとなってしまうでしょう。もしそうしてよいのなら、説得力のある主張には説得者の意見を支持する3人の専門家の意見が引用されていなければならない、と社会設計者は定めるでしょう。このような説得の規則は、常に判断者から見て正しい結果をもたらします。説得者が2人の専門家の意見にしか言及することができないとするモデルの前提は、判断者の限界を反映しており、社会設計者が説得者に立証責任を全面的に負わせることをできないものにしています。

モデルにおける社会設計者は多くの可能な説得の規則の中からひとつを選ばなければいけま

せん。ここで単純な説得の規則の例を3つ提示します。

説得の規則1：判断者は、説得者が彼の立場を支持する2人の専門家を挙げることができれば、説得者の主張を受け入れます。

この説得の規則は32の状態のうち10の状態において、判断者にとって望ましくない結果をもたらします。

●判断者が説得を受け入れることを望む状態、すなわち5人中少なくとも3人の専門家が説得者の立場を支持している状態では、説得者は必ず**判断者**を説得することができます。

●5人全員が**説得者**の立場に反対している状態および、ひとりの専門家だけが**説得者**を支持している5つの状態においては、説得の規則によれば**説得者**は**判断者**を説得することができません。そして実際、これら6つの状態において、**判断者**は説得を受け入れることを望みません。

●ちょうど2人の専門家が**説得者**を支持しているような10通りの状態において、**説得者**は彼の立場を受け入れるよう**判断者**を説得することができてしまいますが、**判断者**は説得されないほうがよかったということになります。

説得の規則2：説得者と判断者の頭の中で、5人の専門家がA、B、C、D、Eと、公認の専門家の名簿に登場する順番などでもっともらしく順序づけされているとしましょう。

説得の規則2の下では、説得者はただ単に自分を支持する専門家を2人挙げるだけではなく、その2人が「隣り合わせ」であるように選ばなければならないとします（AとB、BとC、CとD、DとEというように）。

この説得の規則はたった5つの状態においてのみ、判断者にとって間違っている結果をもたらします。

- 説得者は、専門家A、C、Eの3人だけが彼を支持している場合を除き、3人以上の専門家が彼の立場を支持している状態の下では必ず判断者を説得することができます（例外の場合には、隣り合わせの専門家が自分の立場を支持している、と説得者が主張することはできません）。
- 説得者を支持する専門家が2人未満しか存在しないような6通りの状態において、この説得の規則は間違いを防いでくれます。
- ちょうど2人だけの専門家が説得者を支持している10通りの状態のうち、4通りの場合において2人の専門家は隣り合わせとなっており、説得者は判断者を説得できてしまいます。しかし判断者は説得を受け入れるべきではありません。他の6つの状態においては、説得者を支持する専門家は隣り合わせではないので、彼は判断者を説得することができず、判断者は正しい判断ができます。

説得の規則3：説得者と判断者の頭の中で、5人の専門家は2つのグループに分かれているとします。A、B、Cがひとつのグループで、D、Eがもうひとつのグループです。これはたとえば、5人の専門家はあらゆる点で似ているのですが、3人が男性で2人が女性であるという点においてのみ異なっている、といった状況を表します。ここでの説得の規則の下では、説得者は同じグループに属する2人の意見（2人の男性の意見か、2人の女性の意見）を提示しなければならないとします。たとえばBとCの好意的な意見を挙げれば判断者を説得することができますが、AとDの好意的な意見を挙げても判断者を説得することはできません。

この3つめの説得の規則では失敗の数が4つに限られます。

●少なくとも3人の専門家が支持している状態においては、説得者は必ず判断者を説得することができます。なぜなら、3人のうちの2人が男性であるか、もしくは女性であるかのどちらかが成り立つからです。

●判断者が説得を望まないにもかかわらず説得者が判断者を説得できるような、困った状態が4つあります。それは、ちょうど2人の専門家が説得者の立場を支持していて、しかも両者が同性である場合です（AとB、AとC、BとC、DとE）。

●その他の状態においては、説得者を支持している専門家の人数は2人を超えません。さらに、2人いるとしても、彼らは別々のグループに属しています。このような状態においては、説得者は判断者を説得することができず、間違いは起こりません。

最適な説得の規則とはどのようなものでしょうか？　実は、どのような説得の規則を用いても、説得の結果が間違ったものとなってしまうような状態が少なくとも4つは生じることを証明できます（ここでは証明しません）。したがって、専門家を2つのグループ——3人の専門家から成るものと2人から成るもの——に分けて、同一のグループに属する2人の専門家の意見を取り上げることを話し手に求めるという、3つめの説得の規則は、失敗の数を最小にする説得の規則なのです。

この最適な説得の規則によれば、説得者に好意的なBとCの意見を取り上げて主張を行うことで判断者を説得することができますが、好意的なBとDの意見を取り上げて主張しても判断者を説得することはできません。この2つの主張は見たところでは同等の情報（5人の専門家のうちの2人が話し手を支持している）を伝えているようですが、それにもかかわらず説得力は同等ではありません。社会設計者が3つめの説得の規則を採用すると、説得者に好意的であるとしてBとDを取り上げる主張は見かけよりももっと多くのことを伝えることになります。BとDが説得者を支持しているという主張は、同じグループ内に好意的な専門家のペアが存在しないということを同時に認めていると捉えることができます。

さきに述べたとおり、私たちのとるアプローチは、実際の世界において支配的な説得の規則は社会設計者が解く最大化問題を基にしたものである、というものです。私たちのアプローチが少しでも正しいのならば、専門家がきれいに2つのグループ（ひとつは3人のグループでもうひとつは2人のグループ）に分かれているような説得の場面において、3つめの説得の規則が使われているのを見つけることができるでしょう。そのように専門家を自然に2つのグループに分けることができない場合には、説得者が挙げた2人の専門家が同じグループに属しているのかどうか、説得者にも判断者にもはっきりとわかりません。

モデルと現実

最適な説得の規則と、人々が説得的であると思う主張との間には、本当につながりがあるのでしょうか？　専門家のグループが自然に2人と3人から成る2つのグループに分けられる場合に、本当に人々は同じグループの専門家2人の証言を取り上げるほうが別のグループの2人の証言を取り上げるよりも説得的であると思うのでしょうか？

これから取り上げる3つめの話には専門家は登場しませんが、それでもこの話と先述のモデルとが似ているということが簡単にわかるでしょう。

話3：試験問題は別々の2ページに印刷された5つの設問から成っており、片方のページに3問、もう片方のページに2問が印刷されています。試験はたくさんの受験生に配布されており、以下のことがわかりました：

1. ある人がひとつの問題の解答を知っているとしても、その人が別の問題の解答を知っているかどうかはわからない。
2. 各設問につき、およそ半数の受験生が解答を知っている。

ある受験生の能力が母集団の平均よりも優れているのかどうか、すなわち彼が少なくとも3問を解くことができるのかどうか、を判断したいとします。時間的制約のため、受験生は2問だけを選んで解答するよう指示されています。

受験生の能力が平均を上回っていることを示す説得力という観点から、以下の2つの事象を比較してみてください。

事象A：受験生は別々のページから2問を選択して、正しく解答した。

事象B：受験生は3問が印刷されているページから2問を選択して、正しく解答した。

話3において、各設問は受験生の能力を反映します。つまり、各設問がモデルにおける専門家のような役割を担っているのです。受験生は説得者であり、試験官は判断者です。受験生が設問に正しく解答することができるか否かという状況は、専門家が説得者の立場を支持するか否かという状況に似ています。受験生は2つの設問に対する解答だけを通して、少なくとも3問の解答を知っているということを試験官に納得させようとします。

受験生が別々の2ページに印刷されている2問に解答しようと、同じページの2問に解答しようと、試験官が受け取る情報には違いがないように見えます。したがって、別々の2ページにある2問でも同じページの2問でも、正しく解答しているのであれば試験官は受験生を同等に評価するということはありえるでしょう。しかし私たちのアプローチによれば、同じページに印刷された2問に正答した受験生は、別々の2ページに印刷された2問に正答した受験生よりも、自身の能力が平均を上回るということの説得力が強いはずです。

私たちはこの話を世界中の学生や講師に提示しました。彼らに、事象Aと事象Bとの説得力を比較するようお願いしました。また、2つの事象の説得力は同等であると思う、という回答も認めました。私たちは、事象Bのほうが事象Aよりも説得力が強いと認識されることを予想しました。1300人の回答者のうち、事象Bのほうが説得力が強いと回答した人は28%で、事象Aのほうが説得力が強いと回答した人は19%でした。

サンプルサイズが大きく、28%という数字は19%よりもずっと大きいので、同じページの2問に正答するほうが説得力が強いという推測への支持が得られたと言ってよいかもしれません。しかし、調査結果は私たちの想定を支持しない、と言うことも確かにできます。なぜなら、2つの事象の説得力は同等であると回答した者が全体の半分以上もいたからです。

批判（2）

私たちの行ってきた議論はかなり具体的な場面に注目しており、したがって説得の場面における語用論の規則のごく一部を明らかにするにすぎません。さらに、説得の場面における発話を理解するカギとなる自然な規則を定式化したり説明しようとするために必要なほど、議論を深めたり理解したりすることもできていません。

モデルや議論の限界を認識しつつも、気がつくと私はこの研究のことを経済学者や哲学者のみならず法律家にも話していました。議論、証拠、主張そして請願といった言葉に触れて、このアプローチが法学の理論に与えうる示唆をそれとなく言ってみたくなったのです。そのときは法学の思想に貢献できることはありませんでしたが、それでも以後ずっと（今ここでもまた）法律の手続きや証拠法則を経済理論の見方を通して眺めてみるのは面白いかもしれないと唱え続けています。経済学から言語学へ、また言語学から法学の世界へと転々としているうちに、私は別の落とし穴に気がつきました。

第5の落とし穴：学際的な世界は宇宙のようである。止まることなく拡大していく傾向がある。

そして、ついでに言えば、このように学際分野が拡大していくことには別のやっかいな側面もあります。外部の人々や市場の圧力を受けて、各大学が学際的な研究プログラムを学生の研究キャリアの早すぎる段階で提供することを承認せざるをえなくなっています。私の考えでは、学部の学生は専門分野に特化する必要はありません。その代わり、数学、哲学、生物学、歴史学、物理学、芸術、法律や、場合によっては経済学など、基礎的な学問分野の中からたくさんの分野を学ぶべきです。やりがいがあり刺激的な学際的研究は、学生が基礎的な分野で思考形式を習得した後で、高次の学位向けの研究課程の中で初めて重要性を高めていくべきなのです。

第6の落とし穴：学際的な研究の魅力に惹かれて、学生が早すぎる段階で取り組むと、学際分野の積み重ねをしっかりと支える幅広い研究の基礎を築けなくなってしまう。

最後の落とし穴

私たちは6つの落とし穴に出くわし、経済学から言語学に話を移してまた戻り、（限られた知識を基にして）大胆な仮定をまとめ上げ、モデルを動かしてみました。議論を締めくくるにあたり、最後の、そして最も恐ろしい落とし穴を紹介します。

第7の落とし穴：基礎的な分野に関する深い知識を持たずに学際的な研究に取り組んでいる

と、まやかしではないかと疑われてしまう。

もしかしたらこの章で私自身が第7の落とし穴にはまってしまったのではないか、と自問すべきだと考えています。

第5章

（ある種の）経済政策

(Sort of) Economic Policy

はじめに

少年のころ、私は毎日昼過ぎにぶらりと家を出、サバス広場を通り抜けてシュトラウス通りを上ったところにある労働者図書館に向かいました。丘を上る途中に売店がありました。あらゆる日刊紙が、大きな金属の窓枠に洗濯バサミで留められていました。好奇心旺盛な子どもだったので、私はよく立ち止まって新聞を読みました。ページの隅まで目を通し、気が済んだら再び歩き出すという具合でした。

私のお気に入りの2つの新聞はいつも左下に置かれていました。『ハモディア』――「超正統派ユダヤ教徒の代弁者」――はサバス広場でデモ参加者をひどく殴ったとして警察を非難していました。『コルハーム』は「世界の労働者よ、団結せよ！」と声を上げており、愛国的な態度はとらずに国境地帯での出来事などを報道していました。

私はどちらの新聞も気に入りました。それはもしかすると、どちらの新聞もとくに太字で読みやすかったせいかもしれません。もしかすると、どちらの新聞も分厚くなかったためかもしれませんし、私の母が尊敬をこめて話していた、今はここにいない英雄たちの思いを伝えていたためかもしれません。その英雄たちとは、スローニム王朝のハシディズム派の宗教学校だったイェシーヴァの自習室に夜中まで残って勉強していた母の兄や、戦前にワルシャワでひそかに共産主義に傾倒していた義兄のことです。

イスラエルという設立されたばかりの国家に生まれた私たちは、2つの文化の影響を受けながら育ちました。ひとつはユダヤ教で、実際のところ私たちがよくわかっていなかったものです。しかし、私たちはユダヤ教について、私たちの家庭から、道路から、バル・ミツバの準備から、そしてイスラエルの世俗的な文化に流れ込んできた事物から、少し垣間見ることができました。

2つめは社会主義で、私たちにはユダヤ教以上にわからないものでした。私たちは社会主義のスローガンを、掲示板や、青年運動や、イスラエル国家の建設後に残ったシオニズム社会主義の価値観の名残の中に見つけました。ユダヤ教も社会主義もどちらも絶対的に正しいもので、あらゆる問いに対する答えを与えてくれるすばらしい主義であり、魅力的であると同時に恐ろしいものでもあると見なされていました。

私たちは若々しく公正で、過去に対するアンチテーゼとしての新しい「イスラエルらしさ」を創り上げようとする社会に生きていました。しかし結局のところ、私が連帯のメッセージを取り込んだのは、メーデーの行進からではなく、ユダヤ教の祭日ヨム・キプルの前夜においてでした。

シャローム・シャクナ・メイゼル教会で、子どもたちは私のことを、祈祷書のことをよくわかっていないやつとして馬鹿にしました。労働組合図書館の司書は、私がマルクスの『資本論』を貸してほしいとお願いすると、くすくす笑って馬鹿にしました。私はユダヤ教と社会主義という2つの巨大な山の間を、どちらにも登ることなくさまよっていました。2つの山の麓にとどまりつつ、不思議そうにそれらを見上げていたのでした。

そうしているうちに、シュトラウス通り沿いの売店の鉄の窓枠にぶら下がっていた新聞の大半が消え、代わりに刺激的で商業的な大衆紙が並ぶようになりました。経済理論を装った科学的方法に支持されて、攻撃的で、甘言を弄し、不満気で、大衆的な、物質主義の文化が私たちの生活に忍び寄ってきました。そして私自身もそのあり方を支える基盤の一部となっていたのです。

私が経済学の分野に足を踏み入れたのは、この学問が実生活から数理的なモデルに言葉を落とし込む工房であるからにすぎません。自分の専門的な研究が経済政策の問題にかかわるとは想像していませんでした。長い間、私は社会的不公正の諸問題を、実存的な問題と比べればはるかにどうでもよい問題であると考えていました。実存的な問題とは、ユダヤ人のアイデンティティ、イスラエルらしさの意味するところ、そして占領国家としてのイスラエル、などです。

やがて、現実の経済学について考えはじめると、自分がそうした問題についても意見を持っているということに気がついたのです。とはいえ、私の意見は学問的な意味での経済学とはいっさい関係ありません。

ゲームとしての経済制度

子どものころに私が好きだったゲームはリクーズという、シオニスト版のモノポリーです。リクーズでは、赤い家や青いホテルを建てたり、離れた場所にある共同体を買い取ったり、電気・水道会社の資本をすべて管理することもできます。国を観光したり、ヘブロンやベツレヘムといった、当時は国境よりもはるか向こうにあった都市を訪問することさえできました。夏休みの間、寝室のひんやりした緑の床の上でこのゲームに興じたものです。

子どもたちに学習させたり、想像力を働かせたり、夢を見させたりすることのできるゲームはたくさんあります。私たちはどのゲームで遊ぶのかをどのように決めたのでしょうか？チェスはよく考える子に向いており、スクラブルは言葉をよく知っている子に向いており、バスケットボールは背の高い子に向いていることはわかっていました。各自がそれぞれ異なるゲームをやりたがりました。私たちはどのゲームで遊ぶのかを、対立する希望をうまく調整して決めました。互いに友だちのままでいたかったからです。

私は、経済政策を選ぶということについて、子ども時代にどのゲームで遊ぶのか選んだことと同じように考えています。

人々が消費したり生産したり、社会に貢献したり、成長し繁栄することのできるような経済ゲームはたくさんあります。労働者を利するようなゲームもあれば富裕層を利するようなゲームもあります。高齢者を利するものもあれば、若者を利するようなものもあります。複雑で、きわめて頭のよい人たちのみに向いているような経済ゲームもあれば、単純で、だれでもできるようなものもあります。

経済ゲームのルールは公平であるべきだと私たちの大半は信じていますが、公平さという概念に関して統一見解はありません。努力の成果に応じて人々に補償を行うのが公平なのでしょうか、それとも努力自体に応じるべきなのでしょうか。経済ゲームではより多くを必要とする人により多くのものを与えるべきなのでしょうか。前のゲームで大勝した両親を持つ人が、次のゲームに自分が参加するときに優位に立つことは正当なことなのでしょうか？

経済ゲームを定義するためには、以下のような疑問に対する答えが必要となります。プレイヤーはどのような人たちなのでしょうか。余分なプレイヤーをどのように扱うべきなのでしょうか。どのような行動が認められているのでしょうか。少数のプレイヤーがゲームの支配的な地位に立つことになったらどう対応するべきなのでしょうか。どのようなものを所有したり交換したりすることができるのでしょうか。経済ゲームに参加する能力が限られている人たちもいるということを考慮するべきなのでしょうか。ゲームのルールはどの程度柔軟なものなのでしょうか。プレイヤーが完全にゲームから離脱してしまった場合はどう対応すべきなのでしょうか。

あるひとつの社会は、そこでどのようなゲームを行うのかを決めなければいけません。一見するとと自由でルールなど存在しないような自然のままの経済ゲームを好む人たちは、実際にはきわめて厳格なルールのある経済ゲームを支持します。それは、ジャングルのルールです。学問分野としての経済学は、どのゲームを行うべきかという問いに対してほとんど何も答えません。「正しい経済ゲーム」などという言葉を私は受け入れません。政治制度は、公開討論や市民の対立する希望の調整を通して、どのように経済ゲームのルールを定め、実施するのかを決めなければなりません。

プレイヤー

ゲームを定義するためには、まずプレイヤーを定めます。これは盤上ゲームにも当てはまりますが、経済ゲームにも同様に当てはまります。

経済に関する公的な意思決定は、ほぼすべてが国家レベルで行われます。したがって、経済ゲームにおけるプレイヤー集団を定義することは、国民たる資格を有するのはどのような人たちであるのかを定義するのとほぼ同じことです。国籍法が経済ゲームのルールの及ぶ範囲を定め、同時にゲームのルールを定めるにあたり、だれの厚生を考慮するのかを定めます。自国の市民の利害のみに気を配るのではなく、全世界の正義という使命に基づいて行動するような国家を想像することも確かにできます。しかし、私たちの圧倒的多数は、たとえ全人類のことを気にかけているとしても、同胞や祖国の市民との誓約を守ろうと思う気持ちのほうが強いのです。

ゲームのルールは、まず第一に私たちの祖国の市民のためにあり、社会の境界の外にいる人たちから私たちの身を守り、場合によっては他国を犠牲にして私たちが強くなっていくことを可能にするようなものであるべきだ、と私たちは考えます。だれが国民に加わる資格を与えられるのでしょうか。だれが締め出されるのでしょうか。神との誓約の下に生まれる人や、そもそも生まれることのない人とはどのような人たちなのでしょうか。これらは難しい質問であり、私たちが住む社会および、当然ながらその経済にもきわめて大きな影響を与えるものです。

「いったいだれがプレイヤーなのか」と私たちは自問し、新しいメンバーを仲間に受け入れる際のルールを作らなければなりません。すなわち、私たちは移民政策にかかわることになるのです。イスラエルの移民法は包容的でありながら排他的でもあります。一方で非ユダヤ人が仲間に加わることを許さないのですが、他方でイスラエルの法によってユダヤ人であると定められた人はだれでも受け入れるように指示します。イスラエルは長い間「アリヤ！」（イスラエルへの移民のこと）と叫んできて、ユダヤ人と遺伝的なつながりがあると主張する人であればだれでも、そのつながりが疑わしくても、イスラエルに移住するよう促す政策をとっています。そのためイスラエルは、教会に通うキリスト教徒を、その人たちの片方の祖父母の姓がユダヤ人らしい発音であるという理由だけで受け入れたり、なんらかの点でユダヤ人のそれに似ているような伝統に従う人たちを受け入れてきました。

彼らをイスラエルに受け入れるのは、全世界にかかわる人道的な動機によるわけでもなければ、文化的に唯一無二の社会を築きあげることをねらって行っていたわけでもありません。仮に自分たちが全世界を背負っているのだと私たちが考えているとすれば、国境で入国したいと考えている難民にも扉を開くでしょうし、不幸にも希望のない土地に生まれて私たちの国に未来を見出した人を追い払うこともしないでしょう。仮に共通の文化的基盤を持つ社会を築きたいのであれば、民族的な区別ではなく文化的な区別に基づいて外部の人々から自分たちを隔離したでしょう。

結局のところ、私たちの移民政策を動かす基準は、申し訳ないのですが、人種に基づくものです。人種差別主義者と思われたくないがために、ユダヤ人との薄弱な遺伝的つながりでも移民資格として十分であるとすることになったのです。最近では、この方針によってユダヤ人とのつながりが弱い人たち、イスラエル社会に対する責任感が十分でない人たち、イスラエル経済にごくわずかしか貢献しない人たちなども移民としてやって来ています。

「いったいだれがプレイヤーなのか」と私たちは自問し、出生率に関する政策という問題について議論を戦わせます。イスラエルは常に子どもの出生を奨励する精神に則って行動してきました。私たちはたくさんの子どもがいる家族（ヘブライ語で「子宝に恵まれている」と言われます）を称賛します。たとえ彼らの大半がわずかな資源しか持ち合わせていなくてもです。

出生率政策の起源はホロコーストの発生によって生じた、同胞を補充したいという本能に遡ることができます。しかし、この政策は悲惨な状況を生み出しました。他人から援助を受ける必要に迫られているような貧しい人たちの間にのみ子どもがあふれてしまっているのです。さらに、こうした人たちの子どもに援助を行うべき残りの人たちは援助をしたがっておらず、だからといって彼らを非難することもできません。

「いったいだれがプレイヤーなのか」と私たちは自問し、一時的なプレイヤーの立場について定める必要があります。すなわち、外国人労働者に関する政策を形成する必要があるのです。

ここ数十年で急に、イスラエルを含む多くの国が、国益のために多数の外国人労働者を受け入れるようになりました。私たちは彼らをあたかも原材料であるかのように扱いました。彼らを雇用することで中産・上流階級の境遇が向上しました。安価で従順な労働力を手にすることができたためです。しかし、未熟練労働者としてしか働くことのできない人たちの境遇は悪化しました。外国人労働者が雇用された産業部門においてはとくにそうでした。私たちは外国人労働者を私たちの社会の一員であると考えるつもりはなかったのですが、国益に目がくらんでいたため、実際には遅かれ早かれ、彼らないしは彼らの子どもたちが私たちの社会の一員となるであろうという考えが浮かびませんでした。

イスラエルでは、わが国は世界でいちばん実力がある国というわけではないにしても、最も実力がある国のひとつである、というコンセンサスがあります。しかし、このイスラエルという国家はきちんと定義されているわけではありません。たとえ聖地の近くに住んでいても、どの人間の集合体にも国家という称号が冠せられるとは限らないのです。

出産を奨励する政策や外国人労働者に関する政策、移民政策などは、テルアビブにおける地下鉄の建設、教育体制を担う教員の大幅増員、もしくはイエメンとキプロスをつなぐ陸路の建設などよりも大きくイスラエル社会に変革をもたらしています。社会の弱者たちに出産を促し、未熟練労働者を移民として積極的に受け入れること――それと同時にひとり当たりGDPの着実な成長と学校生徒の学業成績の向上を期待すること――は、この国の抑圧された心理が生んだものです。経済学者が社会の豊かさの指標と見なすひとり当たりGDPは、「国家の産出した価値」を社会の構成員の数で割ったものです。したがって、分子だけでなく分母もこの指標に影響を与えます。

だれが私たちの国の経済ゲームに参加するのかという決定に対して、倫理やイデオロギーにかかわるたくさんの配慮が影響を与えます。この決定は経済学のもたらす洞察とはいっさい関係ありません。これらの問題に対する経済学者の意見は、他の人々の意見と同程度の重みしかありません。

望まれざるプレイヤー

時は10年生か、もしかすると11年生のころ。場所はエルサレムのアレンビー基地の近く。軍役に服する前の集中特訓に従事するガドナ青年隊に参加する日でした。

顧問が2人のグループ指導者を任命し、彼らが交互に自分たちのグループに迎え入れる子どもたちを選びます。グループは2つの隊列を形成するものとされています。子どもたちは順番に数百メートル離れた木まで走って往復しなければならず、戻ってきたら列の次の子が出発します。その場の雰囲気は、軍隊への招集を二年後に控えた青年らしい興奮に満ちています。勝手にグループに振り分けられ、次の日にはだれがどちらのグループにいたのかも覚えていないのに、子どもたちが自分のグループの勝利を大いに気にしているというのは妙なことです。

競争というものはまったく私には向いていませんでした。私は体が丈夫でなく、意欲もわかず、あらゆる運動が嫌いでした。仮に社会的圧力を受けたとしても私が首尾よく走りきることはないだろう、とグループ指導者が思い込むのは当然でした。すなわち、「幸運」にも私を迎え入れたグループは決して勝利することがありませんでした。言うまでもなく、私はどの女の子よりも後で、最後に選ばれました。私は望まれざるプレイヤーだったのです。

それぞれの主体が「バスケット《かご》」を持って伝統的モデルのような経済市場にやって来ます。バスケットの中には消費財と、他の製品を作るための生産要素、そして時間という重要な財が入っています。各主体は、なるべく少しのものを他人に与えつつなるべく多くのものを他人から受け取りたいと考えています。そして、市場であらゆる商品の交換条件が決定されます。現実と同様に、モデルにおいても人々は平等ではありません。資産をたくさん持っている人もいれば、ほとんど持っていない人もいます。

少なくともひとつの財、すなわち**時間**については、私たちはみな平等であるように思えます。私たちのだれもが毎朝起きると、好きなように使える貴重な24時間を与えられています。しかしここでも人々は平等ではありません。時間を使って他の欲しいものを生み出す能力は人によって異なります。

良質な教育制度は人々の生産性能力における不平等を是正することを意図したものです。とはいえ、進歩や教育を通して人間同士の生まれつきの違いを埋め合わせることができるのかということは決して明らかではありません。技術進歩の結果、ピラミッドを建設するために何万人もの奴隷を働かせることはもはや必要なくなりました。敵を攻撃するために多数の兵士を送り込む必要もなくなり、大勢の女性たちが小さなミシンのそばで身をかがめて働くようなことも必要なくなりました。非常に多くの人たちが不要となったのです。人類の持つ経済的な欲望やニーズは、このような望まれざる人たちがいなくても満たされるのです。

子どもたちが遊ぶゲームには、望まれざるプレイヤーを排除する方法があります。NBAでプレイしたいと夢見ながらもボールをどこに投げ入れればよいのか知らないような少年がいれば、他の子どもたちは彼を試合に呼ぶことを「忘れる」のです。チェスクラブでいつも負けて試合を台無しにする子は嘲笑を浴びせられ、立ち去ることになります。私はスポーツから立ち去るのが最善であるとすぐに気づきました。

経済ゲームでは、望まれざるプレイヤーが立ち去ることはありません。仮にもっと自分たちを必要としている別の国に移住することができるとしたら、彼らの多くはそうしているでしょう。しかし移住という選択肢は非常に限られたものです。望まれざる人たちは社会の中心から外れた人たちであり、彼らの不幸な境遇は彼ら自身のせいだとして非難されます。社会は彼らに、決して完遂することのできないような専門的な再訓練プログラムを通して失業の循環を抜け出すよう要求します。彼らは生きるのにかろうじて足りるような福祉給付を受け取るために長蛇の列を作って待ちます。いつか状況が好転して、自分かさもなければ自分の子どもたちの暮らしが良くなるだろう、という幻想を慰めにする人もいます。これらすべては、単純な真実を隠しているに過ぎません。それは、私たちは望まれざる人たちを必要としていないということ、彼らには経済的な価値がないということです。経済学は、彼らが望まれていないということにどのように対処すべきかという問いにはいっさい答えません。

許された行動

あらゆるゲームには、何が許されていて何が禁止されているのか、だれが何をいつやることができるのか、を定めるルールがあります。ゲームのルールは、各プレイヤーに平等な立場を与えるためのものです。

他に選択肢がなく、ルールが参加者の間に不平等を生み出してしまうこともあります。たとえば、ある人がチェスにおいて白でプレイしなければならないとして、白が黒より優勢である場合などです。しかし、ゲームのルールは、それがプレイヤーを対等に扱う場合でも、ゲームにおいてどのプレイヤーが強いかということを定める際に影響力を持ちます。仮にバスケットボールのルールが対戦相手に体当たりすることを認めるようなものになれば、アメリカンフットボールのスター選手と同じような体格の選手が優れた選手になるでしょう。もしチェスの試合のルールがチェス盤を見ることを禁止して、プレイヤーが記憶だけを頼りに試合を行う必要があるとすれば、記憶力の乏しいチェス王者は弱くなってしまうでしょう。スクラブルのプレイヤーがコンピュータを使用することが認められるのならば、優れたプレイヤーは語彙力の豊富な人ではなく、インターネットを使いこなせる人になるでしょう。

経済ゲームのルールは、法律や規制、統治、行政細則に関する数え切れないほど多くの分厚い書物の中に積み上げられてきました。それらはあらゆるプレイヤーを平等な立場に置くとするやり方で述べられています。しかし、これは見かけ上の話にすぎません。

たとえば、**事業家**と呼ばれる経済ゲームのプレイヤーを考えてみましょう。事業家は自身の持つ資本と体力をどの事業に投資するのかを決めます。事業家が人材派遣業に着手することを認めるかどうかという決断は、経済ゲームの結果に影響を与えそうであり、事業家のみならず労働者や雇用者にとっても重要でしょう。

家事を手伝ってくれる人が見つかれば働きたいと考えている、女性技術者の場合を考えてみましょう。通りの向こうに、家政婦として働くことはできるものの技術者としては働けない女性が住んでいます。向かいの女性が技術者の家事を手伝い、代わりに技術者の給料の一部を受け取るならば、双方にとって有益でしょう。しかしここに2つの疑問が湧いてきます。まずひとつめに、この2人の女性はどうやってお互いを見つけるのでしょうか？　そして2つめに、技術者は自身の給料のうちどれくらいの割合を家政婦に与えるべきなのでしょうか？

「仲介《マッチメイキング》」の仕組みが、求人広告、職業紹介所、社会的なつながりや個人的仲介を通してこのような出会いを生み出します。もし家政婦が求人広告を見ないのであれば、技術者は新聞に広告を掲載しようとはしないでしょう。もし潜在的な雇用者が労働者を探すために職業紹介所を頼らないのであれば、家政婦は職業紹介所を訪れないでしょう。もし個人が人材派遣会社を立ち上げることができるのであれば、通りの両側に住む関係者全員が、この地域で営業している人材派遣会社を頼るような均衡が生まれるかもしれません。この均衡では、技術者と家政婦を互いに連絡が取れるようにするための条件として、仲介者はかなりの手数料を請求できる立場にあります。結果的に、技術者の給料は技術者と家政婦だけでなく、仲介者も含めた3人で分割されることになるでしょう。

この話の何がおかしいのでしょうか。

第一に、単に人材派遣会社が不要であるということがあります。一見すると、これは労働者と雇用者とを仲介するサービスです。しかし、技術者と家政婦は他の手段を使っても容易に出会うことができます。掲示板やコミュニティ・センター、職業紹介所、インターネットなどです。家政婦の場合には適合性という問題はややこしくなく、当事者間の関係のあり方は主に実際に会うことによって決まります。事業家が利益を得られるのは、自身が他人に貢献するからではなく、自身が雇用者と労働者との橋渡しを行うからです。

第二に、さまざまな理由のために、この市場における人材派遣会社は労働者よりも雇用者の利害を重視します。その結果、彼らが家政婦の賃金に食い込むだけでは話は終わりません。彼らはまた、技術者と家政婦の間の交渉の結果にも影響を及ぼし、たとえ市場で家政婦が不足していても、家政婦が経済的な力をもとに利益を得ることを阻止します。最も顕著なのは外国人労働者の輸入業者で、彼らは労働者をイスラエルに連れて来て、給料の一年分に相当する手数料をしばしば徴収します。これは母国から働く場所への労働者の移住を手配するのにかかる費用とは著しく不釣り合いな手数料です。外国人労働者の不足が深刻であるときには、人材派遣会社は需要側と供給側とを切り離して、労働者不足が労働者の賃金の上昇ではなく彼らの会社の利益上昇につながるようにします。

家事代行サービスという形で労働者と雇用者とを仲介する事業家もいます。彼らは、だれがその仕事を行うのかということには触れずに、家庭内清掃というサービスを請負います。技術者は、労働者を直接雇うのではなく、従順な労働者を提供してくれる請負業者と契約を結びます。請負業者は、労働者を雇わなければならないという技術者の悩みを解消しますが、同時に、労働者の受け取る賃金が最低賃金を下回っていることに対する罪悪感を抱かせないようにもしています。ここ数十年の間、このようなサービス請負業者はほとんど至る所にありました。公的な主体も個人主体も、清掃員や庭師、警備員を直接雇うのにうんざりしており（「彼らを辛抱強く扱える人なんていないのではないでしょうか」）、サービス請負業者を通してこのような労働者を雇っています。業者の主な仕事は労働者の給料や立場を低く据え置くことで、これが顧客や業者自身の利益につながります。

経済ゲームのルールは、事業機会を巧みに見つけ出すこうした有能な事業家がどのような行動を許されるのかということを決めなければいけません。政府は、映画チケットの不当な転売を禁止しているのとまったく同様に、事業家が労働者と雇用者との仲介役をすることを禁止することができます。それと共に政府には、通貨の発行を任されているのとまったく同様に、労働者と雇用者とを簡素で効率的な方法でつなぎ、利益を少しも横取りしないような公的な雇用サービスを運営する義務があります。

いいえ、私は経済のあらゆる領域において政府が仲介サービスを供給すべきであるとは考えていません。たとえば高級住宅市場では、不動産業者が買い手や売り手と情報を共有し、結果として市場を活性化させます。不動産業者が交渉の結果をゆがめるという危険性は先の例よりも少ないです。というのは、高級住宅市場では買い手も売り手も大体同じ能力を持っているからです。市場のプレイヤーが売り手側になるときもあれば、買い手側になるときもあります。この市場に政府が介入するのは余計なことです。なぜなら、介入したところで、この市場では不公正を阻止したり修正したり、取引の効率性を高めることはできないでしょうから。

近年、社会階級の最下層にいる労働者たちの雇用環境が政府に注目されており、数多くの規制が導入されて経済ゲームにおけるこのような労働者の境遇がわずかに向上しました。このような変革を生み出したのは専門の経済学者ではありません。法改正の後でも、これらの労働者は床を洗浄したり、庭の手入れをしたり、警備を行ったりする職場では、無力で影の薄い存在のままでした。将来においても、弱者たちは経済学者の論文よりも詩の中により多くの慰めを見出すのかもしれません。

富の問題

数年の周期で、子どもたちは漫画に登場する英雄、スポーツの王者、戦争の武器などの絵が描かれたカードに夢中になります。子どもたちは近所の売店で買ったカードを持って校庭に集まります。子どもたちはごく簡単なゲームを何回も繰り返して遊びます。ゲームの終わりに、敗者が1枚のカードを勝者にあげます。また子どもたちは、自分たちの市場で決められた、カードの希少性を表す価格体系に基づいてカードを交換したりもします。

すべては平和に行われていましたが、ある朝、両親に大量のカードを買ってもらった子どもが学校にやって来たことで様子が変わりました。その子のポケットがカードで膨らんでいたことで、カードをまったく持っていなかった子どもたちだけでなく、わずかにカードを持っていた「中流」の子どもたちもたいそう妬ましく思いました。ときどき彼は、その子と仲良くしたいから、もしくはクラスでいじめられないように、親切にもカードを1枚や2枚他の子にあげたりしていました。こうしたことは、子どもたちの社会において高い地位をつかみ取るには十分でした。しかしある日、その「高貴な子」は休み時間にカードをカバンに入れたまま外に出て行ってしまいました。教室に戻ると、彼は悲鳴をあげました。カードがなくなっていたのです。

ゲームの設計者は、プレイヤーは勝利を目指しているということを想定します。しかし、いつも勝つことだけがプレイヤーの目標であるわけではありません。

対戦相手のへまにつけ込むことをよしとせず、それが確実な勝利を手放すことになるとしても、相手にまずい手を撤回することを認めるチェスプレイヤーもいます。主に自身のタイムに関心があり、たいしたことのない相手に勝利するよりも王者を相手にしたレースでビリになるほうがよいと思う短距離走の選手もいます。しかし、中にはあまり前向きではない目標を持つプレイヤーもいます。ライバルに対する優越に酔いしれていたいがために、ただ勝ちたいだけではなく、何度も何度も勝ちたい、もっと言えば盛大に勝って地位や権力をほしいままにしたい、と思っている人たちなどです。

経済学で受け入れられているモデルは、人々はできるだけ多くのものを欲しいと考えていると想定します。パンも、本も、健康サービスも、居住空間も、です。お金というものは財を手に入れるための交換手段とされており、もともと価値を秘めているものではありません。しかし、経済ゲームでは、人々は消費バスケットを増やしたいという願望以上の欲望を抱いています。

こうした欲望の中には他人にとって有益なものもあります。取引相手の失敗につけ込むのを快く思わない商人もいます。自分の会社で働く労働者に市場価格以上のそれなりに高い賃金を支払うべきだと考えている雇用者もいます。しかし、やっかいな欲望もあります。一例としては、非常に裕福な人たちの、もっとずっと裕福になりたいという欲望があります。これは少数の人たちにしか関係しないものですが、この少数の人たちには他のたくさんの人たちの運命を決定する力があります。彼らがさらにこれ以上裕福になったところで、彼らの消費行動は大きく変わらないでしょう。ビル・ゲイツでさえも卵を一日に5個以上食べることはありませんし、同時に2機の個人ジェット機に乗って旅をすることはできません。

きわめて裕福な人たちはもっとたくさんの富を欲しがりますが、これはもっとたくさんの消費財を手に入れるためではありません。彼らを魅了するのは成功それ自体なのです。自分の富を他人と分かち合えることに喜びを感じる人もいれば、権威と慈悲心にひれ伏す人々を服従させるための支配力を欲しがる人もいます。

多くの国が富の問題、すなわち、莫大な資産（およびそこから生じる莫大な権力）が少数の人々の手に集中していることに悩まされています。その何がいけないのでしょうか？　どれほど少数で開化した人たちであっても、貴族階級が私たちの生活を支配するようなことを、私たちは望みません。富の集中は民主主義に反することです。なぜなら、民主主義という概念は単に四年おきに選挙を行うことだけではなく、政治権力をすべての市民の間に平等に分配しようとすることを指すからです。寡頭政治のことを心配しない人、責任をとったり影響を与えたりすることを嫌がる人、自分の人生を他人に決めてもらいたい人——このような人たちは、裕福なエリートたちは権力の乱用など行わない天使のような人たちの集まりである、ということを期待しているに違いありません。

富の集中が損失をもたらすことは、お大尽による政界の人物やメディアに対する影響力の行使、富を乱用した公的資産の買収、政治目的のための富の利用などの日常茶飯事を見ればわかります。気前のよい慈善活動でさえも、見かけほどに歓迎すべきものであるとは限りません。慈善活動家に権力を与えてしまうと、同時に彼らに優先順位をつける権利を与えることになります。

たとえば、大学がたくさんの寄付を受け取ってしまうと、学問的な配慮や国家にとっての優先事項とはまったく無関係の方向に大学が発展していきます。建物の壁に自分自身や親類を記念して足跡を残しておくことをお大尽が重視しているということが、学界や文化機関の変革にはっきりと表れることもありました。そして、このような高貴な個人は文科系や理科系の学問分野ではなく、学問まがいの別分野を好みます。

貧困は差し迫った問題であり、注目すべきものです。富の問題はそれと比べて明白ではありませんが、民主主義を単なる形式的なものへと変容させてしまう恐れのあるものです。ある意味では、貧困のほうが取り組みやすい問題です。なぜなら、貧困の問題では物を与えればよいのに対して、富の問題に取り組むには奪い取ることが必要になるからです。人は自分に与えられるべきだと考えられるものが与えられないときにも腹を立てますが、すでに自分が持っているものを奪い取られるときはもっとずっと激しく腹を立てます。

例として相続税を見てみましょう。これは私の知る最も公平な租税です。仮に政府が租税をまったく徴収していなかったとしても相続税のことは正当化できる、というくらい公平です。相続税は少数の人々の手に集中した資本をもっとたくさんの人たちに行き渡らせます。この租税は、役に立つ経済活動を促すインセンティブ体系をほんの少ししか害することはありません。それにもかかわらず、加えて相続税は私たちがうらやむ国のほとんどすべてにおいて課されているというのに、イスラエルではこの租税の制定に対する猛反発があります。相続税は裕福でない層も含む大半の人たちにとって所得税よりも無慈悲なものであると感じられています。これは、所得税はまだ本人の手に渡っていないものを取り去るのに対して、相続税はすでに本人の資産の一部となっているものを奪い取るためです。

経済モデルでは通常、権力が欲しいとか他人を支配したいといった個人の願望は無視されます。富の問題は通常の経済学論議のトピックではないのです。

資産

ゲームのルールは、ゲーム開始時に各プレイヤーが何を持っているのかを定めます。チェスでは、各プレイヤーはゲーム開始時に、相手の駒を取って盤面から取り去ることができる16個の駒を持っています。モノポリーのゲーム開始時には、ほとんどの資産は銀行にあります。プレイヤーたちはゲームが進む中で銀行券を受け取ります。彼らは銀行券を貯めておくこともできますし、ゲーム設計者によってあらかじめ定められた価格で土地や住宅、ホテル、あるいは鉄道などに交換することもできます。ただしプレイヤーたちは自分のポケットから硬貨を取り出してゲームに加えることはできません。住宅をプレイヤーの間で交換することも、銀行からローンを借りることもできません。

経済ゲームでも、だれか（国家の他にいるでしょうか）がプレイヤーの利用できる資産を決めなければいけません。あらゆる財産が共同体の所有物となっているコミューンの概念は私たちイスラエル人になじみのあるものです。そこでは、共同体は物的資産の管理をするだけでなく、各個人がどのような仕事に従事するのか、何を食べてどんな服を着るのか、といったことまでも決定します。これに対して完全に自由な市場では、個人は自分自身を奴隷として売り飛ばしたり、自分の体を売春に使ったり、自分の体の一部を移植のために売ったりすることができます。

私的所有の余地のないコミューンと、あらゆるものに所有者がいて何もかもが取引可能であるような経済制度との間に、幅広い可能性があります。所有権の有効性を担保するためには、社会がそれを認め、執行当局がそれを保護しなければいけません。経済ゲームの設計者は、どのような資産が所有可能であるのか、どの資産が交換可能であるのか、どの資産が政府の管理下に置かれ、どの資産が私有財産となるのか、といったことを決定する立場にあります。

個人が自分の手で作り出したものを所有することや、その生産物と引き換えに別のものを手に入れる権利を有していることは適切であると、私たちの多くは考えているのではないかと思います。また、自分の身体に対する個人の所有権は保護されるべきであり、商取引の対象とすべきではないということや、公園やビーチは個人が所有すべきではないということも、私たちの多くが信じていることです。しかしこれらの原則を超えた問題については、議論の的になります。

公的部門における腐敗や無駄が明らかになったときに生じる嫌悪感、実質的に資産の管理権を公から民の手に移す民営化の進行を求める熱狂に拍車をかける嫌悪感は、私にも理解できます。しかし、銀行を実業家に売り払ったとしても営業が効率的なものになるとは限りませんし、商業倫理を向上させるわけでもないでしょう。民営化される前の公営企業では、取り巻きを取締役に指名するようなことをすれば刑事告発をされてしまうでしょう。しかし民営化の後では、会社を統括する所有者が好みの政党員を指名することは権利であると見なされます。

確かに、あまりに多くの業務や権限を国家に割り当てるのは問題です。政府は、多くの任務を抱え、少人数を頂点に据えたピラミッド構造を持つ、あまりに大きな主体です。お大尽と同様に指導者も権力を利用することがあります。それも必ずしもよいことのためではなく、です。私も、政府が管理ではなく統治に集中するならばそれが私たちにとって最善であるだろうと思います。政府は経済ゲームのルールを定めて施行し、他の主体が公共の利益を害する恐れなく実行することのできるような、ゲーム進行中に生じる出来事の管理には関与しないのがあるべき姿です。しかし、国の資産の管理権を政府の手から取り去るために、それらの資産を民間の、完全に交換自由な資産に換える必要はありません。富の問題に取り組むために、特別な公共の利益にかかわる資産に対する所有権というものを、それらの利用方法を制限する形で定義することが可能です。たとえば、そのような資産の所有権は多数の個人に割り当てられるべきであるとか、民間の手に渡った政府の会社は従業員の福利厚生にとくに注意を払わなければならないといったことを要請することができます。

資産が政府の管轄外に置かれつつ民間に所有されるわけでもないということもあり得ます。管理権限を、政府と、国の資産を管理する公的な非政府団体に分割することができます。公共経済公社の取締役を政府が指名するのではなく創業株主、すなわち国の全市民が選出するような仕組みを作ることも可能です。市民が彼らの指導者だけでなくこの公社の取締役をも選ぶことはおかしなことではないでしょう（アメリカでは、各州の司法長官も選挙で選ばれます）。取締役は誠実で、管理能力の優れた人でなければいけません。自分を選挙で選んでくれて、もしかすれば再び選んでくれるかもしれない市民のためだけに尽くすべきであり、公共経済公社の貸借対照表のみならず公社の提供するサービス水準や従業員の待遇をも気にかけなければなりません。

個人が蓄えることのできる資産の中で、土地は収用するのに最適な候補です。収用という概念は聖書にも記述が見られました。安息の年という概念の経済的な意味は、個人による土地の占有の期間は限られており、いずれは全員に再分配されるべきだということです。また、土地は重宝されてすぐになくなってしまい、外国に密輸したり戦争なしに輸入することのできない、ハイテク時代における唯一無二の資産でもあります。国が土地を所有したまま借地権のみを売却することにすれば、市場活動を損なうことなく富の問題を劇的に減らすことができるでしょう。土地の蓄積が経済ゲームのルールによって禁じられるとしても、人々が働いたり努力を行ったりする誘因は変わらず残り続けるでしょう。

所有権の問題は経済学でも論じられていますが、経済学的な論議では主に、所有権のさまざまな割り当て方による効率性に焦点を当てています。ともかく、公共と民間との線引きに関する経済学者の意見は結局のところ、学問的な結論ではなく感情的な見解に基づくものだと私には思われます。政府に対して用心深く目を光らせて、すべてを民間部門に委ねたいと考える人もいれば、お大尽に憤りを感じて国家の権力を強化してほしいと望む人もいます。これは少しもおかしなことではないと思います。経済理論モデルがこうした問題に関与しているのに、感情がそうしない理由が私には見当たりません。

プレイヤーの限界

ゲーム理論においてゲームについて考える際に、プレイヤーたちはゲームをプレイする能力を完璧に備えているものだと私たちは想定します。たとえば三目並べでは、各プレイヤーが勝利を引き分けよりも好み、引き分けを敗北よりも好むと想定するのはもっともなことでしょう。したがって、利害が完全に対立しているゲームとなります。

もし双方のプレイヤーが合理的であるならば、ゲーム理論を適用すればゲームの結果はあらかじめわかりきっている、引き分けだ、と主張する人もいるでしょう。これは、ゲームに参加している各プレイヤーは、対戦相手が何をしてきても負けないことを保証する戦略をとることができるからです。それゆえ、もしゲームの結果が引き分けでないとすれば、2人のプレイヤーのうち少なくとも片方が最低一回は間違った手を打ったはずであり、対戦相手が勝利をつかみ取ることのできる状況につなげてしまったのです。

しかし、人間は完璧なプレイヤーではありません。間違いも犯しますし、いつも機会をうまく利用しているわけではありません、三目並べがよく知られた単純なゲームであるにもかかわらず、ゲームで負けないことを保証する戦略をみなが知っているわけではありません。このおかげで、三目並べというゲームは生き残ることができるのです。結果があらかじめわかりきっているゲームに参加したいと思う人はいないでしょう。

ゲーム理論を通して分析を行うと、プレイヤーの合理性に限界があることで見かけよりもゲームが面白いものになります。これは他のゲームにも当てはまります。プレイヤーが合理的に振る舞えばゲームの結果はあらかじめわかりきっているものだと述べる数学的な定理がある場合でさえも、ゲームの結果はおそらく予測できないでしょう。現実世界におけるゲームの結果はゲームをプレイするプレイヤーの能力、すなわち記憶力や論理的能力、連想能力、操作能力などに依存するのです。

経済ゲームに参加するプレイヤーの多くはこのゲームに十分に精通しているわけではなく、数多くの誤りを犯します。私たちのほとんどが、年金計画や健康保険といった重要な問題に関して合理的な意思決定を行うのに苦労します。そして当然ながら、私たちの多くは金融派生商品の取引をシカゴ市場や上海市場で行うことはできません（これらがどのようなものであるのか知っているとしても）。

経済におけるプレイヤーの多くは、経済機会を見つけ出してそれに反応することを難しいと感じます。目の前に現れるあらゆる機会に飛びつく用意のある事業家が無数に存在すると仮定する、伝統的な経済学の前提を支持する人にとって、これは困ったことです。複雑な経済環境は、投機や相場操縦を行うプレイヤーを利することになります。経済ゲームの設計者は、ゲームに勝つために必要な感情的適性や認知的適性から目をそらしがちです。盤上ゲームの設計者のほうが、ゲームが報酬を用意して発揮を促すところの個人の適性について、より敏感なのではないかと私は思います。

ゲームのルールの柔軟性

私たちはみな、子どものころゲームで負けるのを嫌がったものです。私たちは傷ついたり、腹を立てたり、悔しい思いをしたりしました。ときには、子どもたちのだれかが突然――すなわち、みながやることにしたゲームは自分を利するように進んでいないと気づいた後で――自分たちは実は別のゲームを行っていたのだと宣言することもありました。たいてい、このような宣言を行うのは力の強い子どもでした。私たちは腹を立てつつも黙って彼に従うほかはありませんでした。

物知りでそれを気取っている、経済ゲームにおいて高い地位にいるプレイヤーたちは、自分の地位や富を保つことを狙っています。市場の力が下層の人たちを利することになりそうであれば、土壇場でだれかが、私たちは実は別のゲームをプレイしているのだ、と宣言します。それは、確実に与えられた立場にだれもがとどまるようなゲームなのです。

例を挙げましょう。自由市場という経済ゲームのルールによれば、ときどき供給過剰や需要過多が発生すると、労働の価格を含めた物価が影響を受けます。特定の産業で外国人労働者を輸入すれば、労働供給が影響を受け、その産業内で働いている人たち（または以前であれば働くことのできた人たち）の賃金が下落します。外国人労働者の移動は市場の力のみによって決められているわけではありません。私は見かけほどには国際化が進んでいない村に住んでいます。資本移動の自由化は進んだものの、自由市場の勝者たちの間にさえも、規制のない労働力移動を支持する人はごくわずかしかいません。経済ゲームの設計者は、経済自由化を実施している国においてさえも、いまだに外国人労働者の流入制限をかけています。自由市場の原則を守るために、設計者は、特定の産業における労働力輸入に関する政策を、現在雇用されている人たちの立場に配慮するのではなく、その産業における労働力不足の深刻さに基づいて定めなければなりません。

実際、イスラエルでは長い間、一方では登録看護師やコンピュータ・プログラマー、さらに経済学者などが不足しており、また他方で農家や介護士、建設労働者なども不足していました。伝統的な経済学の述べるところでは、第一の職業グループに属する労働者が経済にもたらす付加価値のほうが、第二のグループの労働者がもたらす付加価値よりも高いものとされています。これらすべての職業において、わが国にやって来てイスラエルの労働者が受け取っているよりも低い賃金でも働きたいと強く思っている外国人労働者は非常に大勢います。しかし、経済学者は言うまでもなく、登録看護師やプログラマーも、空港に大量に降り立つ姿は見られませんでした。

他方で私たちは、タイ人労働者、フィリピン人介護士、ルーマニア人建設労働者などが飛行機いっぱいに乗ってやってくるのを目のあたりにしました。長い間、わが国は労働者が組織化されておらず政治力を持たないような産業においては外国人労働者の流入を認め、労働力がしっかり組織化された産業においてはこれを控えてきたのです。後者の産業において外国人労働者が経済にもっと大きな貢献をすることができたかもしれないのに、です。

したがって、弁護士や会計士、経済学者やプログラマーが運よく供給以上に需要されているときには、市場の力が自由に発揮され、何の問題もなく彼らの賃金が上昇します。しかし、留守番としてしか働くことができない人たちに運気が向いてきて需要の高まりが彼らを利することになりそうなときには、ゲームのルールをもっと柔軟にして外国人労働者の輸入を認めようとする圧力が働き、市場の力が役割を発揮することが阻害されます。このようなばかげたことを正当化する倫理的ないしは経済学的な論拠を私は知りません。このようなことがどうして生じるのかを理解するためには、経済学を学ぶ必要はありません。子どものころ、ゲームのルールが気に食わないときに、力の強い子どもがそれをねじ曲げたことを思い出すだけでよいでしょう。

ゲームを台無しにする

子どもたちのゲームではときどき、だれかが抗議して突然ゲームをやめるという、劇的なことが起こります。これは、何かが不公平であるという感覚に子どもたちのだれかがとらわれたときに起こります。

私たちの参加する経済ゲームにおいても、このようにだれかが突然ゲームから退出することはおかしな話ではありません。もう民営化するものが何も残っていない瞬間がやってきたと想像してください（それほど遠い先の話ではありません）。郵便貯金も、病院も、大学も、刑務所も、テレビ局も、何もかもが民営化されてしまいました。みじめな国においてサッカーチームと原子力発電所で財をなした寡頭制支配者のひとりが、警察組織の取得を終えました。国の土地はすべて売却されました。かつては復活祭であった自然の日が、民営化の祝日として、森林が荒れ地に勝利したこと、効率性が官僚組織に勝利したこと、民が官に勝利したことを祝福する日となってしまいました。

しかしそのとき、国内最大の会社に資金を投資していた一部の少数株主たちが、その会社の取締役会長がろくでなしで有名な彼の息子を子会社の支配人に指名したことに気づきます。これらの株主は会社の不適切な経営に抗議して集団訴訟を起こし、会社のやるべきことは利益の最大化であり生まれのよい人間を甘やかすことではないと主張します。刑事犯罪ではないので警察に関与を依頼することはできません。憤った株主たちはその指名が会社の目的から外れた利害に基づくものであると証明することができず、訴訟は却下されました。

次に、都心地域において土地が不足しているため、海外の数人のお大尽がそこの貴重な土地の大部分の管理権を握ってしまっていて、これから十年のうちに地価が上昇することを見越して土地の売却を拒否している、という噂が発生します。同時に、とくに雨の少ない年ではなかったにもかかわらず、予期せぬ水不足が発生します。民営の水道会社が協調して価格を吊り上げるために供給量を抑えているのだ、と人気テレビ番組に出ている人が主張しています。しかし、同時間帯に他のチャンネルでリアリティ番組の『指導者は生まれた』が放映されているため、だれもそのテレビ番組を見ていません。欧州連合に参加したいというモンゴルの申し出が予想に反して拒否された後、年金ファンドのモンゴル通貨への投資の価値が大きく下落したという噂が駆け回っています。これが新たな銀行危機を発生させます。

地下鉄の中でうす汚れた爆弾が発見されるとき、局面は重大な転機を迎えます。民営化された市場では災害に対処するのが難しいのだということがわかります。この国に投資するのは利益が上がらないだけでなく、狂ったことだという結論に投資家は至るのです。

この段階で、私たちは行き過ぎてしまったのではないかと、人々は口には出さないながらも疑いはじめます。民営化の結果として起こったのは、社会の管理権が、ある種の過ちを犯しやすい選ばれた政治家から、同じくらい幼稚で自分のやりたいことは何でもやるような他の人たちに渡ったということに過ぎなかったのだ、ということに人々はだんだん気づいてきます。いまや、この国の人々のやることはひとつしか残っていません。それはルールを変えることです。言いかえれば、国有化を進めることです。

経済ゲームのルールを変更するときには、どうしても、たくさんの人の涙が流れる事態が生じます。実際これは気持ちのよいことではありません。民営化とは異なり、国有化は痛みを伴うものです。そして、国有化が進行して初めて、冷酷な収用を防ぐ最も賢明な方法は富の蓄積を行いにくくすることであると私たちは思い出すのです。私の知る経済学者たちは、少なくとももごく最近までは、国有化について論じることをしていません。時代に先んじたいと考えている人たちに対して、自分の研究計画を脇に置いてもっと重要になるであろう問題――何をどのように国有化すべきか――について議論を始めるよう私は助言します。

おわりの前に

社会的・経済的な問題を抽象的に論じて、イスラエルをフィンランドやタイと同様に、単なる一社会でそこに所属する人たちが生存とあと少し何かを望むようなものとして、扱うこともできます。しかし、ある根本的な問題のおかげでイスラエルは唯一無二の存在となっています。イスラエルの土地にユダヤ人のための国民の拠点が存在することは、交通島に保養所を建てるのとほぼ同じくらい経済学的に筋の通った話です。

私は経済学的という言葉を、近年私たちが公的な幼児福祉診療所や分断の壁の建設、代替エネルギーへの移行などの必要性を吟味した際に基準として利用したような意味で用いています。そう、交通島に保養所を建てることは可能です。必要なのは、音を遮断する防音壁を同時に建てること、客が到着するときには必ず公道の交通を止めること、あるいは（これでも十分でない場合は）公道を完全に閉ざしてしまうことだけです。私たちの経済界が自由市場の力によって管理されているとしたら、交通島に建つ保養所は消えてしまうでしょう。自由市場の力は、保養所を交通島から山の中の森林に移すように働くでしょう。

市場の力が制約を受けることなくずっと働いているとしましょう。そうすれば、シオニズムの計画が無謀であることがわかるでしょう。開発中の町からテルアビブの成金の高層建築物まで至る所にいる有能な国民と言われる人たちを眺めてみて、彼らをマンハッタンからシリコンバレーまでいろいろな所に放出してみてください。そうすれば、もっとずっと経済的な意味で効率的な結果が得られます。そしてここには単なる民衆扇動ではない考えがあります。イスラエルにおける、同国に住む平均的なユダヤ人家族一単位あたりの年間国防支出は、ウィスコンシンにある立派な家——寝室が4つあり、風呂が2カ所と庭があります——に一年分の家賃を支払うのに足りるでしょう。ヨルダン川西岸地区の入植地に投資することにかかる費用を付け加えれば、プールも買えるでしょう。

もしかしたら、仮にイスラエルが近隣諸国と友好的であり、その地域を進歩させ繁栄へと導くような架空の中東に私たちが住んでいるとしたら、物事は違っていたでしょう。そのような理想的な空間が作られる可能性について、私は否定的です。一方で左派のシオニスト、他方で右派の救世主によれば、ユダヤ人国家は本質的に分離されていて冷淡なものなのです。

イスラエルの土地にユダヤ人国家を建設したいと思う人はみな、自由経済に制限を課す必要性を受け入れなければなりません。イスラエルが存続するためには、市民——とくに最も有能で流動的な人々——が、他の国に住めば得られるであろうそれよりもかなり低い生活水準でもイスラエルに住む理由がないといけません。宗教的な理由からイスラエルに住む人もいます。イスラエルの土地で生活するのは神聖なことなのです。大部分の人にとっては、イスラエルに住む理由は言語であったり、独自の文化であったり、福祉国家の原則——健康、住宅、教育、安全、法律といった分野におけるサービスの基本的なバスケットを保証すること——を守るという約束を伴う強力な連帯の枠組みを保証することであったりします。

福祉国家の原則への固執は、個人責任という価値観と相容れないものではありません。不要な戦争を始めた後で辞任する首相の個人的責任について話しているのではありません（もっとも、そのような責任を取ることは害にもならないでしょうが）。そうではなく、自分自身や自分の家族に対する個人の責任のことを話しているのです。したがって、たとえば国内戦線の司令官は防空壕が要求基準を満たすことを保証しなければなりませんが、防空壕の維持は非常時にそこを利用することになっている市民が行うべきです。福祉局は崩壊した家庭や天涯孤独の人たちの世話をするべきです。

しかし、イスラエル中心部に家族を持つ、北部出身の寝たきりの老人は、ロケット攻撃の間は自分の息子や孫やひ孫らに面倒を見てもらうべきであり、自治体の福祉局の職員に見てもらうべきではありません。すべての市民に基本的な健康水準を保証することは福祉国家の基礎のひとつですが、今ある金銭的資源を将来の高価な延命薬品に費やすか否かという決断は、保険料が所得と連動している保険プランを通して個人が下すべきです。イスラエルが帰還法の正当性を引き続き認めていくとしても、新たな移民をイスラエルに受け入れることの責任を取るのは移民自身であるべきです。

福祉国家という概念はイスラエルの独立宣言に表明されている価値観を反映しています。「イスラエルという国家は……イスラエルの預言者が思い描く自由や正義、平和に基づくものである」とあります。そして、イスラエルの預言者は市場の経済学者ではありませんでした。しかし、個人に対して国が責任を取るべきだということをあまりに大げさに主張しすぎるような世界観を私は恐れています。残念ながら、社会の中で他人の世話をすることを期待されている人たちは、その負担に耐えられず、保守派の経済学に逃避先を見出すものです。

おそらく私たちは社会が個人に対して果たすべき責任を回避することに必要以上に文句を言いつつ、社会が個人を守ってくれるだろうという期待を個人が大げさに抱いていることには全然不平をこぼさないのでしょう。連帯感には政府の後ろ盾は必要なく、弱者に対する社会の気遣いは個人的な責任を逃れる自由をもたらすものではありません。個人の責任から逃れることは効率的でなく、不公平で、他人に負担をかけてしまうことになります。

おわりに

私が子どものころ、私の部屋の片側に大きな鏡台があり、その上に目覚まし時計と母の裁縫箱が置いてありました。鏡台の中には父と母が祖父母の家から持ってきた秘密の手紙や写真が入った、禁断の引き出しがありました。鏡台の隣には若者向けの百科事典や世界地図、エドモンド・デ・アミーチスの『クオーレ』、および私が何度も読んだ本が他に何冊かしまってある大きな本棚がありました。壁際には、キーキー音を鳴らす2つの鉄製ベッドが向かい合って並んでいました。部屋の反対側には、鏡台の向かいに机があり、その机は三枚組の窓と、夏の日には南の日差しから私を守り私を心地よくしてくれる二本の巨大な緑樹のほうを向いていました。今になっても、ちょっと昔に机に向かって座っているときにやってきたわくわくした瞬間――考えごとをしていたり、何かを書いていたり電話で話をしていたりしたとき――のことを思い出す際には、自分が子どものころから使っていた机に座って窓から二本の木を眺めているところを想像します。

この寝室の家具の合間を縫って、私のサッカー場が部屋の床中に広がっていました。サッカー場は緑色のタイルを並べたもので、縦に12タイル、横に9タイルが並んでいました。公式のサッカー場の大きさが、縦が120メートルで横幅が90メートルであると百科事典で見つけたとき、私のサッカー場は完璧なものとなりました。ゴールの柱は、てっぺんに赤色のついた、ラッカーを塗られた木のボウリングピンであり、私の姉がバル・ミツバを祝った日に近所の住人が贈り物として私にくれた子ども用ボウリングセットの残り物でした。

2つの大きなレゴのパーツが2つのチームを表していました。青いレゴパーツがイスラエルの国代表チームで、赤や緑、黄色のパーツは外国のチームでした。ボールは小さなレゴパーツでした。私は2つの大きなレゴパーツを手に持って、全22選手の代わりにドリブルをしたり、パスしたり、ボールを蹴ったり、相手をブロックしたり、ミスをしたり点を決めたりしていました。イスラエルの国代表チームにはひとりを除き、当時のスター選手が勢ぞろいでした。ひとりを除きというのは、フォワードのひとりに代わり私がプレイしていたからです。

また、私はネヘミア・ベン・アヴラハムという、あらゆる主要な試合の放送を担当したイスラエルの伝説のスポーツアナウンサーの役もやっていました。今やこのアナウンサーは床上のスタジアムでの試合をも担当することになっていたのでした。外国チームの選手の本名を覚えることができなかったので、競合チームの陣容はいつも次のようになっていました。イグ（ゴールキーパー）、ビッグとギッグ（ディフェンダー）、ディッグ、ヴィッグ、ジッグ（ミッドフィルダー）、ヒッグ、ティッグ、キッグ、リッグ、ミッグ（フォワード）、です。ゴールが決まると、観衆の叫び声が私の唇からささやきとなって漏れ出しました。

なぜささやくのかというと、試合は極秘事項であり、だれも観戦することのできないものであったからです。だれかが私の部屋に入ろうとしたときには、私はレゴパーツを鏡台の下の綿毛のかたまりの中に隠し、隠し事などないかのように装っていました。ゲーム中はずっと相手チームが優勢で残り数分の時点で3対0でリードしているのですが、そこで名の知られていないフォワード（つまり私です）が4ゴールを決めて青チームに劇的な勝利をもたらすのでした。

私は高等学校に上がった後でも、ほぼ毎日この試合に熱中していました。それどころか、もしかしたら私は今でもまったく同じゲームをしているのかもしれません。部屋は講義ホールや学術誌になりました。レゴパーツは形式的なモデルにおけるプレイヤーになりました。緑の床は近所で行われる現実のゲームではできないようなことができるようになっている架空の世界であったということを私は知っていました。

いま演壇の傍らに立って、経済学で自分が扱っているモデルはおとぎ話であるということを私は知っています。冷たい床でやった試合は私が実際にサッカーをプレイするのには役立ちませんでしたし、経済理論モデルは私が社会問題に関する考えをまとめるのに役立っていません。善かれ悪しかれ、あらゆることはその緑のタイルから生じて、その域を出ないのです。

監訳者・訳者紹介

松井彰彦（まつい あきひこ）

1985年東京大学経済学部卒業、1990年ノースウエスタン大学Ph.D.（M.E.D.S.)、同年ペンシルバニア大学経済学部助教授、筑波大学社会工学系助教授等を経て、2002年より現職。専門はゲーム理論、貨幣理論、障害と経済の研究。

査読論文に“Cheap-Talk and Cooperation in a Society”（JET, 1991）ほか約30篇。著書に『慣習と規範の経済学』（東洋経済新報社、第46回日経・経済図書文化賞)、『高校生からのゲーム理論』（ちくまプリマー新書）など。

日本学術振興会賞、日本学士院学術奨励賞、日本経済学会中原賞。2016年度日本経済学会会長。エコノメトリック・ソサエティのフェロー（終身特別会員)、同カウンシル・メンバー（評議員、極東地区)。

村上　愛（むらかみ めぐみ）

東京大学大学院経済学研究科修士課程（序章、第1章）

矢ヶ崎将之（やがさき まさゆき）

東京大学大学院経済学研究科博士課程（第2章）

松井彰彦（まつい あきひこ）

東京大学大学院経済学研究科教授（第3章）

猿谷洋樹（さるや ひろき）

東京大学大学院経済学研究科博士課程（第4章、第5章）

謝辞

多くの方々のお世話になりました。Eli Zvuluny, Dina Zafriri, Dan Raveh, Yehudah Meltzer, Yuval Salant, Michal Yafet, Noga Dim, Uzi Segal, Adi Raveh, Kobi Glazer, Rani Spiegler, Tair Shachner-Rochman, Tami Chapnik-Harel の諸氏からは有益なコメントをいただきました。Eli Zvuluny氏には本書の英語ウェブサイトを立ち上げていただきました。Yanek Yuntaf氏には原書の表紙をデザインしていただきました。すべての方々に感謝します。

翻訳業務に協力していただいたIra MoskowitzとAlan Hercbergの両氏には大いに感謝します。

以下の2名の方々にはとくに感謝します。ヘブライ語の原版の編集者であるAlma Cohen-Vardi氏には、尽きない忍耐心をもって本文に丁寧に目を通し、訂正や改善を行っていただきました。Ayala Arad氏は、賢明な助言や鋭い批判、激励の言葉によって本書の執筆を手助けしてくれました。

文献注

第1章、第2章および第4章で紹介した実験の結果は私のHP〈http://gametheory.tau.ac.il〉を通して収集されたデータに基づいています。得られた結果の一部はAriel Rubinstein, "Instinctive and Cognitive Reasoning: A Study of Response Times," *Economic Journal*, 117 (2007), 1243-59で公表されています。私の公刊論文はすべて個人ページ〈http://arielrubinstein.tau.ac.il/〉で閲覧・ダウンロードが可能です。

序　章

「経済学と私」、「経済寓話」、および「物語の語り手」の節では、私自身が1995年12月にイスラエル科学アカデミーにおいて行った講義"Micro-economic Theory: Miracles or Wonders"を引用しています。

経済理論モデルをおとぎ話にたとえて論じた部分は、Ariel Rubinstein, "Dilemmas of an Economic Theorist," *Econometrica*, 74 (2006), 865-83における議論を基にしています。Robert Lucas, "What Economists Do," Unpublished Manuscript, University of Chicago (1988) も参照してください。

22ページのイラストは*Fairy Tales and Other Stories* by Hans Christian Anderson (Humphrey Milford: Oxford University Press, 1914) から引用しました。

23ページで紹介した経済モデルは私の論文"Perfect Equilibrium in a Bargaining Model," *Econometrica*, 50 (1982), 97-110から引用しました。「交渉物話」もこの論文に基づいたものです。

「ホテリングによる大通りの物語」の基になっている論文はHarold Hotelling, "Stability in Competition," *The Economic Journal*, 39 (1929), 41-57です。

「3人の仕立て屋の物語」は、イスラエルにおいてさまざまなタイトル（たとえば"Comments on the Failure of Competitiveness"や"Equality and Prosperity in Israeli Society"など）で行われた講義の一部分です。

第1章

伝染病の例に対する反応をめぐる議論はAmos Tversky and Daniel Kahneman, "Rational

Choice and the Framing of Decisions," *Journal of Business*, 59 (1986), 261–78を基にしています。

紛失したチケットの例はDaniel Kahneman and Amos Tversky, "Choices, Values and Frames," *American Psychological*, 39 (1984), 341–50から引用しました。

ペンの例はItamar Simonson and Amos Tversky, "Choice in Context: Tradeoff Contrast and Extremeness Aversion," *Journal of Marketing Research*, 29 (1992), 281–95より引用しています。

カメラの例は次の2本の論文に登場する例に近いものです：Joel Huber, John Payne and Christopher Puto, "Adding Asymmetrically Dominated Alternatives: Violations of Regularity and the Similarity Hypothesis," *Journal of Consumer Research*, 9 (1982), 90–98、およびElder Shafir, Itamar Simonson and Amos Tversky, "Reason-Based Choice," *Cognition*, 49 (1993), 11–36です。

サイコロの例はAmos Tversky and Daniel Kahneman, "Extensional versus Intuitive Reasoning," *Psychological Review*, 91 (1984), 293–315から引用しました。

第2章

この章の冒頭の部分は私が2002年から2007年の間に12カ所で行った"John Nash, Beautiful Mind and Game Theory"というタイトルの講義から引用しています。

ここで引用されているシルヴィア・ナサー氏の書籍は*A Beautiful Mind* (New York: Simon & Schuster, 1998／塩川優訳『ビューティフル・マインド――天才数学者の絶望と奇跡』新潮社、2002年）です。Sylvia Nasar, "The Lost Years of a Nobel Laureate", *The New York Times* (13 November 1994) も参照してください。

「旅行者のジレンマ」はKaushik Basu, "The Traveler's Dilemma: Paradoxes of Rationality in Game Theory," *American Economic Review*, 84 (1994), 391–95より引用しています。

「トレジャーハント」に関しては、Ariel Rubinstein, Amos Tversky and Dana Heller, "Naïve Strategies in Competitive Games," in *Understanding Strategic Interaction: Essays in Honor of Reinhard Selten*, ed. by Wulf Albers, Werner Güth, Peter Hammerstein, Benny Moldovanu and Eric van Damme (New York: Springer-Verlag, 1996), pp.394–402において議論されています。

以下の書籍や論文についてもこの章で言及しています。

Avinash Dixit and Barry Nalebuff, *Thinking Strategically: The Competitive Edge in Business, Politics and Everyday Life* (New York: Norton, 1993／管野隆・嶋津祐一訳『戦略的思考とは何か――エール大学式「ゲーム理論」の発想法』阪急コミュニケーションズ、1991年).

John McMillan, *Games, Strategies, and Managers* (Oxford: Oxford University Press, 1992／伊藤秀史・林田修訳『経営戦略のゲーム理論――交渉・契約・入札の戦略分析』有斐閣、1995年).

John Nash, Nobel Autobiography:
〈http://nobelprize.org/nobel_prizes/economic-sciences/laureates/1994/nash-bio.html〉

John Nash, "Non-Cooperative Games," *Annals of Mathematics*, 2nd Ser., 54 (1951), 286-95.

John von Neumann and Oskar Morgenstern, *Theory of Games and Economic Behavior* (Princeton: Princeton University Press, 1944／銀林浩・橋本和美・宮本敏雄監訳、阿部修一・橋本和美訳『ゲームの理論と経済行動』Ⅰ～Ⅲ、筑摩書房、2009年).

第3章

この章のジャングル経済に関する説明はMichele Piccione and Ariel Rubinstein, "Equilibrium in the Jungle," *Economic Journal*, 117 (2007), 883-96に基づいています。

この章の初期バージョンは、2003年5月にテルアビブ大学で行われた"Introduction to the Jungle Economy"というタイトルの講義で発表したものです。

競争均衡の存在証明はDavid Gale氏によっており、Lloyd Shapley and Herbert Scarf, "On Cores and Indivisibility," *Journal of Mathematical Economics*, 1 (1974), 23-37という論文で公表されています。

第4章

この章の冒頭部分は私が2001年2月にイスラエル社会学協会に対して行った講義を基にしています。

この章はJacob Glazer and Ariel Rubinstein, "On the Pragmatics of Persuasion: A Game Theoretical Approach," *Theoretical Economics*, 1 (2006), 395-410によっています。

語用論に関する詳細については、Paul Grice, *Studies in the Way of Words* (Cambridge,

MA: Harvard University Press, 1989／清塚邦彦訳『論理と会話』勁草書房、1998年）を参照してください。

第5章

この章の一部は以下に紹介する私の文章を基にしています（すべて私の個人ページ〈http://arielrubinstein.tau.ac.il/〉で閲覧可能です）。

"On the Problem of Wealth," *Haaretz*, 18 December 2003.

"The Day after Privatization," *Yedioth Ahronoth*, 12 February 2007.

"A World in Which Many People are No Longer Useful" (Viviane Forrester's "The Economic Horror"), *Haaretz Books*, 20 March 2002.

"Six Thoughts on Economics and Society" in *The Root of the Matter*, ed. by Rubik Rosenthal (Jerusalem: Keter, 2005).

"On Personal Responsibility," *Calcalist*, 18 February 2008.

【著者紹介】
アリエル・ルービンシュタイン
1951年生まれのイスラエルの経済学者。テルアビブ大学、ニューヨーク大学経済学教授。専門はゲーム理論、限定合理性の研究。1982年に*Econometrica*誌に掲載された論文"Perfect Equilibrium in a Bargaining Model"(「交渉モデルにおける完全均衡」)で交渉理論に重要な貢献をし、そのモデルは「ルービンシュタインの交渉モデル」と呼ばれるようになる。マーティン・オズボーンとともに著した*A Course in Game Theory*(1994)はゲーム理論を学ぶ者にとっての古典的教科書となった。
米国芸術科学アカデミー、米国経済学会の外国人名誉会員であり、1985年にはエコノメトリック・ソサエティのフェロー(終身特別会員)に選出、2004年にはその会長を務めた。

ルービンシュタイン　ゲーム理論の力

2016年9月1日発行

著　者——アリエル・ルービンシュタイン
監訳者——松井彰彦
訳　者——村上愛／矢ヶ崎将之／松井彰彦／猿谷洋樹
発行者——山縣裕一郎
発行所——東洋経済新報社
〒103-8345　東京都中央区日本橋本石町 1-2-1
電話＝東洋経済コールセンター　03(5605)7021
http://toyokeizai.net/
装　丁…………橋爪朋世
ＤＴＰ…………アイランドコレクション
印　刷…………東港出版印刷
製　本…………積信堂
編集担当………佐藤朋保
Printed in Japan　　ISBN 978-4-492-31484-5